G. DE MOLINARI

Grandeur et Décadence de la Guerre

GUILLAUMIN ET Cie

GRANDEUR ET DÉCADENCE

DE LA GUERRE

DU MÊME AUTEUR

Études économiques. L'organisation de la liberté industrielle et l'abolition de l'esclavage. 1 vol. in-18. 1846, Paris, Capelle.. 2 fr. »

Les Soirées de la rue Saint-Lazare. Entretiens sur les lois économiques et défense de la propriété. 1 vol. gr. in-18 1849, Paris, Guillaumin et Cie........................ 3 fr. 50

Questions d'économie politique et de droit public. 2 vol. 1861, A. Lacroix, Verboeckoven et Cie. Paris, Guillaumin et Cie. 10 fr. »

Cours d'économie politique fait au musée royal de l'industrie belge, 2e édition. 2 vol. in-8°. 1863, Bruxelles, mêmes éditeurs. 12 fr. »

Les clubs rouges pendant le siège de Paris. 1 vol. gr. in-18. 1871, Paris, Garnier frères.................................. 3 fr. 50

La République tempérée. Brochure in-8°. 1873, mêmes éditeurs.. 2 fr. »

Lettres sur les Etats-Unis et le Canada, adressées au *Journal des Débats*, à l'occasion de l'exposition universelle de Philadelphie. 1 vol. gr. in-18. 1876, Paris, Hachette et Cie.............. 3 fr. 50

Lettres sur la Russie, 2e édition. 1 vol. gr. in-18. 1877, Paris, Dentu.. 3 fr. 50

L'Evolution économique du XIXe siècle. Théorie du progrès. 1 vol. in-8°. 1880, Paris, C. Reinwald........................ 6 fr. »

L'Irlande, le Canada, Jersey. Lettres adressées au *Journal des Débats*. 1 vol. gr. in-18. 1881, Dentu........................ 3 fr. 50

L'Evolution politique et la Révolution. 1 vol. in-8°. 1884, Paris, C. Reinwald.. 7 fr. 50

Au Canada et aux montagnes rocheuses. En Russie. En Corse. A l'Exposition universelle d'Anvers. 1 vol. gr. in-18. 1886, C. Reinwald.. 3 fr. 50

Conversations sur le commerce des grains et la protection de l'agriculture. Nouvelle édition. 1 vol. gr. in-18. 1886, Paris, Guillaumin et Cie.. 3 fr. »

A Panama. L'isthme de Panama, La Martinique, Haïti. 1 vol. gr. in-18. 1887, mêmes éditeurs.................................. 2 fr. »

Les Lois naturelles de l'économie politique. 1 vol. gr. in-18. 1887, mêmes éditeurs...................................... 3 fr. 50

La Morale économique. 1 vol. in-8°. 1888, mêmes éditeurs. 7 fr. 50

Notions fondamentales d'économie politique et Programme économique, 1 vol. in-8°. 1891, mêmes éditeurs.......... 7 fr. 50

Religion. 1 vol. gr. in-18, 2e édition. 1892, mêmes éditeurs. 3 fr. 50

Précis d'économie politique et de morale. 1 vol. gr. in-18, 1892, mêmes éditeurs.. 3 fr. 50

Les Bourses du travail. 1 v. in-18. 1893, mêmes éditeurs. 3 fr. 50

Science et Religion. 1 vol. gr. 18. 1894, mêmes éditeurs. 3 fr. 50

Comment se résoudra la question sociale. 1 vol. gr. in-18, 2e édition. 1896, mêmes éditeurs.............................. 3 fr. 50

La Viriculture. 1 v. gr. in-18, 1897, mêmes éditeurs...... 3 fr. 50

SAINT-DENIS. — IMP. H. BOUILLANT, 20, RUE DE PARIS.

GRANDEUR ET DÉCADENCE

DE

LA GUERRE

PAR

G. DE MOLINARI

Correspondant de l'Institut
Rédacteur en chef du *Journal des Économistes*

PARIS
GUILLAUMIN ET Cie
ÉDITEURS DU JOURNAL DES ÉCONOMISTES
RUE RICHELIEU, 14

1898

PRÉFACE

L'absence générale de sécurité apparaît comme le caractère prédominant des premiers âges de l'Humanité. La vie de l'homme est continuellement menacée non seulement par les grands fauves, auxquels il est venu faire concurrence pour l'acquisition de la subsistance, mais par l'homme lui-même. Les plus forts égorgent les plus faibles pour les dépouiller du peu qu'ils possèdent et, à défaut d'autres aliments, se nourrir de leur chair. Plus tard, lorsque les variétés les plus industrieuses de l'espèce ont appris à multiplier leurs moyens de subsistance et commencé l'œuvre de la civilisation, elles disparaissent submergées par des invasions de barbares, qui détruisent cette civilisation qu'elles avaient ébauchée et ne laissent sur leur passage que la désolation et la ruine. Comment, par quel *processus* cet état de choses a pris fin, comment la sécurité, qui était, à l'origine, la denrée la plus rare, est devenue de plus en plus abondante et s'est répandue, quoique à doses inégales, sur la plus grande partie de notre globe, voilà ce que nous apprend l'étude du phénomène de la guerre. C'est la guerre qui a produit la sécurité, aujourd'hui assurée d'une manière définitive au monde civilisé, et l'accomplissement de cette œuvre a constitué son utilité et sa grandeur. Mais, sa tâche achevée, elle a cessé de répondre à un besoin : après avoir été utile, elle est devenue nuisible. A sa période de grandeur a succédé une période de décadence. Sous l'influence de quels progrès elle finira par disparaître, c'est ce que nous nous sommes proposé de rechercher en écrivant ce livre.

I

GRANDEUR DE LA GUERRE

GRANDEUR

ET

DÉCADENCE DE LA GUERRE

CHAPITRE PREMIER

CAUSE ET OBJET DE LA GUERRE DANS LES TEMPS PRIMITIFS. LA CHASSE ET LA GUERRE

Les lois naturelles de l'économie des forces et de la concurrence. — Comment elles se sont combinées pour produire le phénomène de la guerre. — Différence entre la chasse et la guerre. — Les profits de la guerre aux espèces concurrentes de l'animalité. — Cause déterminante de la chasse à l'homme. — Les sacrifices humains. — Cause déterminante de la guerre entre les variétés concurrentes de l'espèce humaine. — Profit qu'elle rapportait au vainqueur. — Qu'elle répondait à l'intérêt général et permanent de l'espèce, autrement dit qu'elle était *utile*.

C'est dans la nature de l'homme et dans les conditions d'existence qui lui ont été faites dès son apparition sur la terre qu'il faut chercher les causes du phénomène de la guerre. L'homme est, comme toutes les autres créatures, un composé de matière et de forces. Comme elles encore, il est obligé de renouveler continuellement les matériaux de sa vitalité. Il les renouvelle par la consommation de matériaux et de forces qui leur soient assimilables. Mais ces éléments de vitalité, il ne les obtient point gratuitement. Il doit les découvrir et les approprier à sa consommation. Cette découverte et cette appropriation exigent une dépense préalable de forces vitales. Or, toute dépense des forces constitutives de la vitalité cause une souffrance, une peine, tandis que toute acquisition de ces mêmes forces procure une jouissance. Si la somme de forces vitales dépensées dépasse la somme acquise, la différence constitue une perte, et dans le cas contraire un profit. C'est en vue de l'excédent de jouissance sur la peine, représenté par le profit, que l'homme met en œuvre ses forces vitales, qu'il travaille et qu'il s'applique à obtenir, en échange d'un minimum de dépense, partant de peine, un maximum de matériaux de vitalité, partant de jouissance. Telle est la loi naturelle de l'économie des forces ou du moindre effort qui gouverne l'activité de l'homme aussi bien que celle de toutes les autres créatures.

Mais à cette loi qui dérive de la nature de l'homme s'en joint une autre qui dérive de l'état du milieu où il puise ses moyens d'existence, c'est la loi de la concurrence vitale. Le phénomène de la guerre est le produit de l'opération combinée de ces deux lois naturelles. Et sa raison d'être apparait visiblement quand on examine les conditions auxquelles l'espèce humaine pouvait subsister.

Notre globe est peuplé d'une immense multitude de créatures vivantes, les unes formant le contingent des espèces végétales, les autres celui des espèces animales. Les végétaux sont les matériaux de subsistance des animaux herbivores, et ceux-ci alimentent les carnivores. L'homme, qui occupe le sommet de l'échelle de l'animalité, se nourrit des uns et des autres : il est omnivore. En conséquence, il a été dès l'origine en concurrence pour sa subsistance avec les espèces herbivores, qui la demandaient comme lui à la recherche des fruits naturels du sol, et avec les espèces carnivores, qui vivaient comme lui encore de la chasse aux variétés les plus faibles de l'animalité. Mais en même temps qu'il était un concurrent pour ces dernières, il était une proie pour celles qui lui étaient supérieures en force et se trouvaient mieux pourvues d'armes naturelles. Il fallait donc ou qu'il se dérobât à leur poursuite ou qu'il engageât avec elles une lutte mortelle.

Sous l'excitation de cette nécessité de se défendre contre des animaux individuellement plus forts, l'homme s'est associé à ses semblables ; il a constitué des sociétés, sous les formes primitives de troupeaux, de clans ou de tribus. En cela, il ne s'est pas comporté autrement que la plupart des autres espèces, mais ce qui l'a élevé au-dessus du reste de l'animalité, c'est l'invention d'un armement artificiel qui, en suppléant à l'insuffisance de son armement naturel, lui a permis à la fois de lutter sans désavantage contre les espèces pour lesquelles il était une proie et d'atteindre avec moins de peine celles auxquelles il demandait sa subsistance.

Nous apercevons ici la différence qui existe entre la chasse et la guerre. L'homme fait la chasse aux animaux dont il se nourrit. Il fait la guerre à ceux auxquels il sert de nourriture. Mais ce n'est pas seulement en vue d'assurer sa sécurité qu'il s'efforce de les exterminer, c'est afin de se débarrasser de la concurrence qu'ils lui font comme chasseurs.

Sans doute, cette extermination des concurrents à la subsistance impliquait une lutte, partant une dépense de forces et un risque. Cette lutte, les hommes ne trouvaient avantage à l'engager qu'autant qu'ils avaient ou croyaient avoir des chances suffisantes d'en sortir vainqueurs. Ces chances dépendaient de la force, de l'intelligence et surtout du courage dont ils étaient doués, comme aussi de l'efficacité de l'armement artificiel qu'ils pouvaient opposer à l'armement naturel de leurs concurrents. Selon toute apparence, ce fut seulement après avoir inventé les premiers engins de chasse et de guerre qu'ils entreprirent une lutte demeurée jusqu'alors trop inégale. Cette lutte entre les hommes les plus forts et les plus courageux et leurs concurrents des grandes espèces de l'animalité se poursuivit durant la longue période des temps primitifs, et les annales de tous les peuples nous en ont transmis les épisodes. C'est Hercule, armé de sa massue, qui triomphe du lion de Némée et de l'hydre de Lerne; c'est Thésée qui perce de ses flèches le minotaure de Crète. Le profit que cette guerre engagée avec les monstres procure à l'homme est de deux sortes : c'est d'abord la sécurité qu'elle lui assure; c'est ensuite l'économie de travail et de peine qu'il réalise dans l'acquisition du gibier qu'il n'est plus obligé de partager avec des concurrents faméliques. Ce double profit compense et au delà la somme de forces vitales qu'il a dépensée, le risque qu'il a couru, en un mot la peine que la lutte lui a coûtée.

Telle est la cause qui a déterminé la première guerre, celle que l'homme a entreprise contre les animaux pour lesquels il était une proie et qui lui faisaient concurrence pour l'acquisition de sa subsistance.

Mais le même besoin qui a donné naissance à l'industrie de la chasse et le même mobile qui a excité l'homme à faire la guerre à ses concurrents de l'animalité devaient susciter la chasse et la guerre aux hommes eux-mêmes.

La chasse d'abord. La chair humaine est un aliment, et, dans les régions où les animaux comestibles étaient rares, elle pouvait être acquise avec moins de peine que celle des autres espèces. Cependant, la chasse à l'homme n'aurait point présenté un profit suffisant si tous les hommes avaient été égaux en forces et en aptitudes de combat ; mais les variétés de l'espèce sont à cet égard essentiellement inégales. Les unes tiennent de la nature des animaux carnassiers ; elles possèdent les facultés combatives du lion, du tigre, du loup, du renard, les autres reproduisent les types et les aptitudes paisibles des herbivores. Dépourvues des facultés de combat, celles-ci étaient une proie facile pour les variétés carnassières de l'espèce.

Les sacrifices humains, qui se perpétuent chez les peuples en voie de civilisation jusqu'à l'époque où l'élevage du bétail leur fournit une alimentation moins coûteuse et probablement aussi plus salubre, attestent, sans parler des autres témoignages que nous apportent les traditions des temps primitifs, l'existence d'une période où la chasse à l'homme était la principale sinon l'unique industrie alimentaire des variétés supérieures de l'espèce. Une partie des produits de cette chasse était offerte aux divinités protectrices des tribus et servait à la subsistance de leurs prêtres. C'était la première forme de la Dîme. Quand cette sorte de nourriture fut abandonnée pour des aliments rendus plus abondants et obtenus avec moins de peine par l'élève du bétail, on substitua peu à peu aux victimes humaines le bétail qui les avait remplacées dans l'alimentation générale. Toutefois, dans certaines circonstances, lorsqu'il s'agissait par exemple d'obtenir la coopération des Divinités pour quelque entreprise importante, on continuait à leur offrir des sacrifices humains que l'on estimait devoir leur être plus agréables, en raison de la supériorité de la valeur de cette sorte d'aliment en comparaison de celle du bétail.

Cependant, les tribus qui vivaient de la chasse aux animaux et aux hommes se trouvaient en concurrence pour l'acquisition de la subsistance. A mesure que leur population s'augmentait, elles ressentaient davantage le besoin d'agrandir leurs terrains de chasse et elles ne pouvaient les agrandir qu'aux dépens les unes des autres. De là des luttes inévitables et continuelles. Au témoignagne des missionnaires qui parcouraient l'Amérique du Nord aux XVIe et XVIIe siècles, les tribus de chasseurs qui occupaient ce vaste continent étaient perpétuellement en guerre, et leurs luttes avaient toujours le même objet : la conquête ou la défense des cantons giboyeux nécessaires à leur subsistance. Les vainqueurs exterminaient les vaincus et prenaient leur place.

On voit par là ce qui différenciait la chasse de la guerre. La chasse consistait dans la poursuite d'un gibier, en vue de la satisfaction immédiate du besoin de nourriture. La guerre avait pour objet la suppression des concurrents, en vue de rendre cette satisfaction plus facile. Le profit de la chasse était direct, le profit de la guerre était indirect, et il se résolvait, en dernière analyse, en une augmentation du rendement de l'industrie alimentaire. Une tribu de chasseurs qui obtenait difficilement, dans les limites devenues trop étroites de son domaine, la quantité de subsistance nécessaire à la nourriture de sa population en voie d'accroissement, pouvait, en s'emparant d'un canton giboyeux occupé par une autre tribu, se procurer la même quantité en échange d'une moindre somme de travail et de peine. A la vérité, cette conquête impliquait une lutte dans laquelle elle devait dépenser une certaine somme de forces et courir un certain risque. Si elle était vaincue, elle risquait d'être dépouillée du domaine qui lui fournissait ses moyens d'existence et même d'être exterminée. En revanche, si elle remportait la victoire, elle réalisait un gain égal à la différence de la somme de force vitale dépensée dans la lutte et de celle que l'agrandissement de son domaine alimentaire lui permettait d'acquérir ou d'épargner. Elle pouvait augmenter sa population en proportion de l'accroissement de ses moyens de subsistance, et, en devenant ainsi plus puissante, étendre encore ses terrains de chasse par des conquêtes ultérieures. Cependant, si l'on songe que la perte résultant de la défaite dépassait singulièrement le gain que pouvait procurer la victoire, on conçoit qu'une guerre ne devait être entreprise qu'après une mûre délibération et une connaissance aussi exacte que possible des forces ennemies. Si la tribu, dont les moyens d'existence devenaient insuffisants, par le fait de l'accroissement de sa population ou de la diminution de ses ressources alimentaires, se trouvait trop faible pour engager une guerre de conquête avec des chances raisonnables de succès, le soin de sa conservation l'obligeait à ralentir par l'infanticide l'essor de sa population ou bien encore à limiter le nombre des bouches à nourrir par le sacrifice des vieillards. Telle a été la raison d'être de coutumes qui nous semblent à bon droit barbares, mais qui étaient commandées par une impérieuse nécessité.

En résumé, dans cette première période de l'existence de l'humanité, où l'homme dépendait absolument pour sa subsistance des ressources alimentaires que lui offrait la nature, la guerre seule lui fournissait le moyen de les augmenter. Il devait en être ainsi jusqu'à ce qu'il eût réussi à les multiplier par son industrie. En attendant, la guerre était *utile* en ce qu'elle donnait la victoire aux plus forts, c'est-à-dire aux plus capables d'assurer l'existence de l'espèce humaine, en lutte avec les espèces pour lesquelles l'homme était un concurrent et une proie. Mais est-il nécessaire d'ajouter que ce caractère d'utilité générale, les hommes forts et courageux, qui luttaient pour agrandir aux dépens les uns des autres leur domaine alimentaire, ne l'apercevaient point. Ils obéissaient simplement à la loi naturelle de l'économie des forces, en s'efforçant d'obtenir une quantité plus grande de matériaux de jouissance en échange d'une moindre somme de travail et de peine.

CHAPITRE II

RAISON D'ÊTRE DE LA GUERRE DANS LES SOCIÉTÉS EN VOIE DE CIVILISATION

La capacité de produire, propre à l'espèce humaine. — L'épargne et les progrès qu'elle a suscités dans l'acquisition des moyens de subsistance. — Augmentation de la productivité de l'industrie alimentaire et ses conséquences. — Comment elle a déterminé la fondation des États politiques. — Que la concurrence s'imposait à eux sous sa forme destructive de guerre. — Les deux sortes de luttes qu'ils avaient à soutenir. — Objectif de ces luttes. — Qu'elles impliquaient la nécessité de développer la puissance destructive de l'État, sous la plus efficace des pénalités : l'extermination ou l'asservissement.

Ce qui distingue, au point de vue économique, l'espèce humaine des espèces inférieures, c'est que l'homme est pourvu de la capacité de *produire*, tandis que les végétaux et les animaux ne possèdent que celle de *détruire*. Il peut, en conséquence, augmenter la quantité des articles nécessaires à sa subsistance et à la satisfaction de ses autres besoins, tandis que les espèces inférieures sont obligées de se contenter de ceux que la nature met à leur disposition.

Cependant, cette capacité de produire, due à une

mentalité supérieure à celle de l'animalité, ne s'est manifestée et développée que par une lente gradation. A l'origine, les hommes comme les animaux demandaient leur subsistance à des industries purement destructives : la chasse, la pêche, la récolte des fruits naturels du sol. Seulement, ils accrurent successivement le rendement de ces industries qui leur étaient communes avec l'animalité, en inventant des armes et des procédés de destruction ou de capture qui leur permirent à la fois de se débarrasser de leurs concurrents des autres espèces et d'obtenir une plus grande quantité de subsistances en échange d'une moindre somme de travail et de peine.

Mais il importe de remarquer que si ces engins et ces procédés permettaient d'atteindre plus facilement le gibier et les autres aliments, ils ne les multipliaient point. Ils en rendaient au contraire la destruction plus rapide. Ce fut, selon toute probabilité, ce qui détermina les individus les plus intelligents à les multiplier artificiellement. Ils conservèrent un certain nombre d'animaux comestibles pour les reproduire et mirent en réserve, pour les ensemencer, une partie des grains qu'ils récoltaient à l'état sauvage, au lieu de consommer en totalité les uns et les autres. C'est de cette « épargne » que sont nées les industries de l'élève du bétail et de la culture végétale et qu'est issu le phénomène de la civilisation.

Aussitôt que ce progrès eût été accompli dans l'acquisition de ses moyens de subsistance, un changement complet s'opéra dans les conditions d'existence de l'espèce humaine. Jusqu'alors les sociétés d'hommes ne s'étaient point sensiblement différenciées des sociétés animales. Elles pourvoyaient aux mêmes besoins d'assistance mutuelle et de coopération matérielle. Leur activité était entièrement absorbée par le soin de leur sécurité et la recherche toujours précaire de la subsistance. Comme la plupart des sociétés animales encore, elles étaient étroitement limitées en nombre, car il fallait pour nourrir une tribu d'une centaine d'individus, dans les cantons les plus giboyeux, une étendue d'un millier de kilomètres carrés [1].

Lorsque l'agriculture eut remplacé la chasse comme industrie alimentaire, les sociétés purent devenir incomparablement plus nombreuses sur un territoire

[1] On estime tout au plus à un individu par dix kilomètres carrés le maximum de densité possible d'une population vivant de la chasse ou de la récolte des fruits naturels du sol. (Voir Sir John Lubbock, *L'Homme avant l'histoire*.) Mais aussitôt qu'apparait la petite industrie, la population possible s'accroît dans une proportion énorme : dix kilomètres carrés peuvent fournir des moyens d'existence, non plus à un individu, mais à 1,000, 2,000 et même davantage. Il est tel canton des Flandres ou de la Lombardie et telle province de la Chine où la petite culture nourrit 300 habitants et au delà par kilomètre carré.

(*L'Évolution économique du* XIXe *siècle*, p. 181.)

moins vaste. La même étendue de terre qui suffisait à peine à la nourriture d'un seul chasseur, put nourrir plusieurs centaines d'agriculteurs et, en même temps, la somme de travail que devait dépenser chaque individu pour se procurer sa subsistance se trouva réduite dans une proportion presque aussi considérable. En employant toute sa journée à la poursuite du gibier, le chasseur n'obtenait guère que la quantité de subsistance nécessaire à la nourriture de trois ou quatre individus. Un agriculteur, en dépensant la même somme de travail sur une terre de fertilité moyenne, pouvait produire assez de blé pour en alimenter un nombre décuple. En conséquence, il pouvait employer une partie de son temps à la satisfaction d'autres besoins ou bien y pourvoir plus économiquement encore en échangeant son excédent de blé contre les produits ou les services d'autres individus. C'est ainsi qu'à des tribus de quelques centaines de chasseurs éparses sur de vastes territoires, on vit, lorsque l'agriculture eût été inventée, succéder des nations de plusieurs millions d'hommes, concentrées dans des régions d'une étendue beaucoup moindre.

Ce progrès de l'industrie alimentaire des sociétés primitives n'eut pas seulement pour effet d'augmenter leur nombre et les matériaux de leur bien-être, il détermina un autre progrès dans les formes de la propriété et de la famille, dans l'organisation politique et économique. Les entreprises agricoles et industrielles nécessitèrent l'individualisation de la propriété avec celle de la famille et déterminèrent l'organisation de la société en corporations ou en castes, les unes souveraines, les autres assujetties, entre lesquelles se partagèrent, conformément à leurs aptitudes, les fonctions et les industries.

Cependant, les sociétés, troupeaux, clans ou tribus de chasseurs d'hommes, d'animaux ou de végétaux qui abandonnaient pour l'agriculture ces industries primitives d'alimentation, et qui acquéraient ainsi une abondance extraordinaire de moyens de subsistance, en un mot, qui s'enrichissaient, tandis que celles qui n'avaient pas réalisé ce progrès demeuraient pauvres, devenaient pour celles-ci une proie de plus en plus tentante à mesure que leur richesse allait croissant. C'était aussi une proie facile, car des populations adonnées aux travaux paisibles de la production ne pouvaient résister à des sociétés dont l'industrie spéciale était la chasse aux animaux et aux hommes. Elles devaient fatalement succomber dans la lutte. La civilisation aurait donc succombé dès sa naissance si un autre progrès n'était intervenu pour la sauver : au lieu de massacrer les populations vaincues et de faire main basse sur les richesses mobilières qu'elles avaient accumulées, les sociétés les plus intelligentes de chasseurs et de pillards comprirent qu'elles trouveraient plus de profit à occuper d'une manière permanente les territoires sur lesquels elles opéraient des razzias et à obliger les vaincus à partager régulièrement avec elles les produits de leur industrie. C'est ainsi que se fondèrent, par la transformation des brigands primitifs en gendarmes, le plus grand nombre des établissements ou des États politiques. Cependant, la société conquérante ne pouvait conserver son État qu'à la condition de rester organisée comme une armée, toujours prête à repousser les agressions du dehors et à réprimer les révoltes du dedans. A cette société, corporation ou caste, d'hommes de guerre, se joignit, pour remplir les fonctions non moins nécessaires du gouvernement et de l'administration du domaine conquis, une caste qui entra en partage de pouvoir avec elle, soit qu'elle se recrutât dans son sein ou dans l'élite intelligente de la nation conquise. Ces deux corporations ou ces deux castes, tantôt de même souche, tantôt de souche différente, se partagèrent la possession et l'exploitation de l'État.

Mais leur possession demeurait toujours précaire. Selon les lieux et les époques, les sociétés propriétaires et gouvernantes des États ont eu à soutenir des luttes plus ou moins fréquentes et qu'il n'était pas, le plus souvent, en leur pouvoir d'éviter, contre deux sortes de concurrents.

En premier lieu, contre des sociétés moins avancées dans les arts de la production, mais en possession des aptitudes particulières qu'exige la guerre. Elles sortaient fréquemment de régions inconnues, on ignorait leur origine et leur nombre. Celles qui confinaient encore à l'animalité s'abattaient, à l'improviste comme un troupeau de sauterelles, sur une région populeuse et riche et ne s'en retiraient qu'après l'avoir transformée en une solitude dévastée. Celles qui avaient un commencement de civilisation, — et tels étaient, par exemple, les Hyksos, qui envahirent l'Egypte, — massacraient ou réduisaient en esclavage les propriétaires des États qui tombaient en leur pouvoir et prenaient leur place.

Jusqu'à une époque récente, les peuples civilisés sont demeurés exposés à ces invasions des peuples barbares. C'était un péril auquel il ne dépendait pas d'eux de se soustraire, contre lequel ils devaient se prémunir, sous peine d'être détruits ou asservis, et qui devait continuer à les menacer jusqu'au jour où leur puissance de résistance serait assez grande pour enlever aux envahisseurs toute chance de succès et de profit, et les obliger, par conséquent, à renoncer à une industrie devenue improductive.

Ces luttes contre les Barbares avaient un caractère défensif. Même quand les peuples civilisés avaient recours à l'offensive, c'était en vue de prévenir des incursions, toujours à craindre, et d'assurer ainsi leur sécurité. Toutefois, il était rare qu'ils poussassent si loin la prévoyance, car les guerres contre des barbares pauvres ne couvraient pas leurs frais.

Il en était autrement pour les guerres qui avaient lieu entre les sociétés en possession, chacune, d'un domaine territorial mis en valeur par la population assujettie.

En ce cas, l'objectif ordinaire de la lutte était l'agrandissement du domaine, en vue du profit qu'il était dans la nature de cet agrandissement de procurer, sous forme d'impôts et de redevances en nature, en travail ou en argent, fournis par la population assujettie, sans oublier les richesses accumulées par les vaincus et sur lesquelles les vainqueurs faisaient main basse, en vertu du droit de la guerre. Il arrivait encore que la lutte s'engageât entre des sociétés propriétaires d'États en concurrence pour l'agrandissement de leurs domaines aux dépens d'autres États convoités par elles. Telle a été la cause de la lutte engagée entre Rome et Carthage, lutte dont l'objet n'était autre que le monopole de la domination et de l'exploitation du monde méditerranéen.

Mais pour l'emporter dans ces luttes, les unes onéreuses, mais inévitables, les autres profitables, que fallait-il? Il fallait développer au plus haut point possible la puissance de l'État. C'était là une condition *sine quâ non* de conservation, de vie ou de mort pour ses propriétaires, et plus ils étaient exposés à la pression de la concurrence guerrière, plus ils étaient excités à accroître cette puissance de laquelle dépendait non seulement leur bien-être, mais leur liberté et leur existence même.

CHAPITRE III

LA CONSTITUTION D'UN ORGANISME DE COMBAT OU D'UNE ARMÉE

Nécessité vitale qui détermina la création d'un organisme de combat. — Les éléments constitutifs de cet organisme. — Le personnel. — Comment se produit et se conserve la valeur militaire. — Le matériel. — Le commandement, la hiérarchie et la discipline. — L'avance de capital nécessaire à la formation et à la mise en œuvre d'un organisme de combat. — Que cette avance ne peut se produire qu'avec l'auxiliaire de la sécurité et nécessite l'institution d'un gouvernement.

L'existence d'une société propriétaire d'un domaine politique, soit que ce domaine eût été acquis par la conquête ou autrement, dépendait, comme on vient de le voir, de la puissance qu'elle pouvait déployer dans les luttes de la concurrence sous sa forme destructive de guerre. Les sociétés les plus fortes l'emportaient sur les autres, conquéraient un domaine territorial ou agrandissaient le leur en se substituan à ses propriétaires, qu'elles exterminaient ou réduisaient à l'état d'esclavage ou de sujétion. Il fallait donc que toute société propriétaire d'un État possédât, sous peine d'être dépossédée et exterminée ou assujettie, un organisme de combat dans lequel se trouvât investie la plus grande somme possible de puissance destructive.

La constitution et la mise en œuvre de cet organisme exigeaient la réunion et la coopération d'un personnel apte aux travaux de la guerre et d'un matériel adapté de même à l'œuvre de destruction qu'elle implique. Les qualités qui constituent l'aptitude à la guerre sont les unes physiques, les autres morales : la vigueur nécessaire pour supporter la fatigue, la combativité, le mépris du danger, etc., et elles produisent par leur combinaison la valeur militaire. Comme toute autre valeur, celle-ci se mesure à son utilité. On conçoit donc qu'elle ait été placée dans l'estimation universelle, au point le plus élevé, car elle répondait au besoin le plus urgent des sociétés, — le besoin de se préserver de la dépossession et de l'extermination. Mais la production dela valeur militaire exigeait avec un fonds de qualités naturelles un dressage artificiel. Les qualités naturelles étaient une affaire de race : elles abondaient dans certaines races, — celles qui tenaient de la nature des animaux de proie ; elles étaient absentes ou moins développées dans les autres; elles se transmettaient par l'hérédité, et se perdaient ou s'affaiblissaient par des croisements avec des races qui en étaient dépourvues. Il fallait donc que la société conquérante et propriétaire de l'État, au sein de laquelle se recrutait l'armée, interdit à ses membres de contracter avec les éléments inférieurs de la population des unions qui auraient altéré la pureté du sang. Quant au dressage, il consistait dans une éducation destinée à développer par l'exercice, les qualités physiques et morales constitutives de la valeur militaire, et à enseigner la mise en œuvre des engins de destruction, des procédés ou des méthodes de combat.

Un personnel possédant au plus haut degré la valeur militaire, voilà quel était le premier agent de la production de la puissance destructive. Mais encore fallait-il que ce personnel fût muni d'un armement artificiel qui suppléât à l'insuffisance de son armement naturel. Le rôle de l'outillage n'est pas moindre dans la guerre que dans l'industrie. Quelle que soit la valeur du personnel d'une armée, s'il ne possède qu'un armement inférieur en puissance destructive, il n'aura que de faibles chances de l'emporter dans la lutte.

Cependant, la valeur du personnel et la puissance du matériel ne suffisent pas encore pour donner la victoire. Il faut que ces agents et ces instruments de destruction soient organisés et mis en œuvre de manière à produire la plus grande somme possible de puissance destructive. L'organisation d'une armée implique l'établissement d'un commandement, d'une hiérarchie et d'une discipline, qui coordonne les forces et les fasse agir avec la moindre déperdition et le plus grand effet utile. Le but que l'on poursuit dans un combat consiste dans la destruction ou le refoulement de la force opposante, et ce but ne peut être atteint que par des mouvements combinés de façon à mettre sur chacun des points de la lutte un contingent de forces supérieures à celles de l'ennemi. Le commandement doit discerner les points faibles des deux armées aux prises et ordonner les mouvements qui réparent les uns et fassent brèche aux autres. Enfin, pour que ce commandement ait toute l'efficacité nécessaire, il faut qu'il soit exercé par un chef ayant l'aptitude requise, que ses ordres soient communiqués rapidement à une hiérarchie intelligente et exécutés passivement par une troupe disciplinée. Telles sont les conditions de réussite d'une opération de guerre.

Ce n'est pas tout. Comme toutes les autres entreprises, la guerre exige une avance de capital. En quoi consiste cette avance ? D'abord dans la somme nécessaire pour former le personnel et créer le matériel, ensuite dans l'entretien de l'un et de l'autre, jusqu'à ce que la guerre ait donné un rendement qui couvre ces deux sortes de frais. Or les entreprises de guerre sont essentiellement aléatoires. Quand elles se terminent par une défaite, l'État vaincu subit une perte plus ou moins considérable. En revanche, la victoire procure un profit, lequel doit être proportionné aux risques de perte pour que l'entreprise soit réellement profitable.

Mais en attendant que ce profit se réalise, sous une forme ou sous une autre, butin, tributs, acquisition et exploitation d'un supplément de « sujets », etc., la constitution et la mise en œuvre de l'instrument de guerre ont exigé une avance de capital. Cette avance, il faut que la société propriétaire de l'État possède les ressources nécessaires pour la fournir. Ces ressources, ce sont les industries productives qui les créent, et ces industries ne peuvent naître et subsister qu'à la condition de posséder, dans quelque mesure, la sécurité. De là, la nécessité d'un gouvernement ayant pour objet de l'assurer.

CHAPITRE IV

LE GOUVERNEMENT D'UN ÉTAT POLITIQUE

Pourquoi la sécurité ne peut s'établir d'elle-même au sein des sociétés humaines. — Nécessité d'un gouvernement chargé de la produire — Comment et dans quel but les gouvernements se sont institués à la suite de la conquête et de la fondation des États politiques. — Analogie de la conquête avec les autres entreprises. — Le partage de ses fruits. — Nécessités de conservation qui s'imposaient aux conquérants et aux fondateurs d'États. — Que les gouvernements n'ont eu, à l'origine, d'autre objet que d'assurer la sécurité de possession des sociétés conquérantes. — Les trois périodes de la constitution des États politiques. — Que leur transformation a déterminé l'agrandissement de l'aire de la sécurité.

Les abus du gouvernementalisme, les charges excessives que les gouvernements imposent aux consommateurs de leurs services ont suscité de nos jours une secte d'anarchistes qui prétendent les supprimer. Mais les anarchistes ne tiennent compte ni de la nature imparfaite de l'homme ni des exigences de l'état de société. Si l'individu connaissait les limites naturelles de sa sphère d'activité et s'il possédait la force morale nécessaire pour résister aux impulsions qui le poussent à les franchir, si un ordre fondé sur la justice s'établissait, en conséquence, de lui-même, on pourrait se passer de gouvernement. Mais aussi longtemps que les individus qui constituent une société ne rempliront point librement ces conditions nécessaires de la sociabilité, il faudra qu'un pouvoir supérieur intervienne pour les contraindre à les remplir. Or, si depuis tant de siècles que l'homme vit en société, il n'a pas encore acquis la juste notion de ce qu'il doit faire et de ce qu'il ne doit pas faire, avec la capacité de s'obliger lui-même à rester dans les limites de son droit et à s'acquitter de ses devoirs, à plus forte raison en devait-il être ainsi dans l'enfance de l'humanité. Du jour où plusieurs individus se sont rassemblés sous l'impulsion du besoin d'assistance mutuelle, où une société s'est constituée, un pouvoir a été nécessaire pour obliger ses membres à coopérer à sa conservation et à user de leur liberté et de leur propriété sans porter atteinte à celles de leurs associés. Il existait dans les sociétés embryonnaires des clans et des tribus, où il était constitué par les individualités les plus fortes et les plus capables. Lorsqu'aux clans ou aux tribus, composés d'un petit nombre d'individus issus de la même souche et réduits à vivre des subsistances que la nature leur offrait d'une main parcimonieuse, succédèrent des États politiques, formés presque toujours par une race conquérante et par une multitude assujettie, et au sein desquels l'industrie multipliait les moyens de subsistance, la nécessité d'un gouvernement chargé d'assurer la sécurité extérieure et intérieure de l'État s'imposa encore d'une manière plus pressante.

Si nous voulons savoir comment se sont constitués les gouvernements des États politiques et nous rendre compte des transformations qu'ils ont subies, il nous faut revenir à l'analyse du phénomène qui a donné naissance à l'État, savoir à la conquête.

La conquête d'un domaine territorial et la fondation d'un État politique ne diffèrent point de toute autre entreprise. Elles s'effectuent, comme les entreprises industrielles et commerciales, par la coopération du travail et du capital, et elles ont pour objectif un profit. On y distingue le travail de direction dont sont chargés le chef de l'entreprise et ses officiers, et le travail d'exécution qui incombe aux soldats qui remplissent l'office des ouvriers dans les entreprises industrielles. On y distingue encore le capital fixe, consistant dans les armes et les autres engins de guerre, et le capital circulant composé des avances de subsistance et d'entretien nécessaires à l'armée conquérante jusqu'à ce que le produit de l'entreprise soit acquis et réalisé. Ces deux sortes de capitaux sont communément fournis par le chef de l'entreprise et ses commanditaires qui se les sont procurés par voie d'épargne ou d'emprunt. Mais la conquête faite, il s'agit d'en partager les fruits et, de même encore que dans une entreprise industrielle, ce partage s'effectue plus ou moins exactement en raison de la valeur de l'apport ou de la coopération de chacun. Si l'objet de l'entreprise n'est autre qu'un simple pillage, l'armée se partage le butin d'articles mobiliers, au retour de l'expédition. Si, comme il est arrivé, lorsque les armées de pillards eurent compris que l'appropriation et l'exploitation d'un domaine territorial et de sa population seraient plus profitables qu'une razzia mobilière, le partage s'étend aux biens immobiliers, l'histoire de la conquête de l'Angleterre, par les Normands, nous montre que ce partage ne diffère que par un point de celui du produit des entreprises industrielles : c'est que dans celles-ci, le personnel d'exécution reçoit sa part sous la forme anticipative et assurée d'un salaire [1]. Encore l'analogie est-elle devenue complète lorsque les entreprises de conquête ont été opérées pour le compte des sociétés ou des « maisons » propriétaires des États politiques, par des armées soldées. En ce cas, la part de l'armée conquérante n'a plus consisté que dans sa solde, à laquelle s'est ajouté toutefois un supplément de paie pour les officiers et fréquemment aussi la tolérance

[1] Voir l'*Histoire de la conquête de l'Angleterre par les Normands*, par Augustin Thierry, t. II, p. 237.

du pillage des campagnes et de la mise à sac des villes pour les soldats. De nos jours enfin, sous le régime du service obligatoire et gratuit, les soldats n'ont pour ainsi dire aucune part dans les produits d'une conquête ; les officiers, presque seuls, y participent par la solde de campagne, l'avancement et les récompenses honorifiques et autres.

Cependant, le partage effectué, il fallait aviser aux moyens d'assurer la conservation du domaine conquis tant contre les agressions du dehors que contre les révoltes de la population assujettie. Comment les conquérants ont-ils pourvu à cette double nécessité ? Par l'établissement d'un gouvernement spécialement chargé d'y pourvoir. Autant que l'insuffisance des documents historiques nous permet d'en juger, la constitution des États a passé de tous temps et partout par trois périodes : une période initiale de morcellement et d'indépendance seigneuriale, une période d'assurance féodale et une période d'unification du gouvernement de l'État.

Pour se préserver du risque toujours menaçant d'une dépossession, l'armée conquérante est demeurée organisée et toujours prête à se réunir pour la défense du domaine conquis. Chacun de ses membres conservait ses fonctions et son rang, et les transmettait à ses descendants par voie d'hérédité et de primogéniture. Mais en attendant que la nécessité les obligeât à pourvoir à un danger commun, de nombreuses et incessantes causes de dissentiment surgissaient entre eux : inimitiés personnelles, résultant des inégalités du partage, querelles sur les limites de leurs domaines, ambition de s'agrandir aux dépens de leurs voisins, etc., etc. De là des guerres locales, dans lesquelles les plus faibles devenaient victimes des agressions des plus forts ; de là aussi pour les petits propriétaires la nécessité de se couvrir de la protection des plus forts. C'est pour répondre à ce besoin que s'est constitué le système d'assurance politique que l'on a désigné sous le nom de féodalité. Cependant la féodalité, tout en garantissant dans quelque mesure la sécurité des plus faibles, ne mettait pas fin aux luttes entre les plus forts. Elle devait aboutir et elle aboutit, en effet, partout, à l'absorption des souverainetés féodales par celle du chef qui avait eu, pour rétribuer ses services, la portion la plus vaste du domaine conquis et qui conservait, en sa qualité de chef héréditaire de l'armée conquérante, le pouvoir suprême du commandement dans le cas où la réunion de cette armée devenait nécessaire, soit pour réprimer une agression du dehors ou conquérir un supplément de territoire, soit pour réprimer une révolte de population assujettie. Ce travail d'absorption et d'unification a été accéléré dans les États particulièrement menacés par la concurrence extérieure, ou bien encore dans lesquels la nécessité d'un agrandissement du domaine commun se faisait sentir davantage, où, par conséquent, la subordination à un chef unique apparaissait comme indispensable, en même temps que l'établissement durable d'une paix intérieure qui épargnât les déperditions de forces.

Or, la paix intérieure ne pouvait s'établir qu'à la condition que les atteintes à la vie et à la propriété, aussi bien que toutes les autres offenses qui suscitaient les luttes intestines de l'association des propriétaires de l'État, fussent prévenues ou réprimées. Ce fut l'objet et le résultat de l'unification de l'appareil de justice et de police, dont le besoin de sécurité avait suscité la création dans chaque seigneurie. La juridiction du chef, duc, roi ou empereur, après avoir été confinée dans les limites de son domaine particulier, empiéta peu à peu sur celle des seigneurs; il s'attribua d'abord le jugement et la répression des crimes les plus graves et finalement ceux de toutes les offenses, à commencer par les atteintes à sa domination. L'aire de la paix s'étendit ainsi par gradations successives dans l'intérieur des États, aux dépens de celle de la guerre, désormais restreinte, sauf dans le cas des révoltes et des guerres civiles, aux luttes entre les États en voie de civilisation ou avec les peuples barbares.

Ces luttes continuaient d'avoir pour objectif principal, sinon unique, la défense ou l'agrandissemen du territoire qui fournissait à l'association conquérante et propriétaire de l'État ses moyens d'existence. Voyons maintenant en quoi ceux-ci consistaient.

CHAPITRE V

LES PRODUITS DE L'EXPLOITATION D'UN ÉTAT POLITIQUE

Que les co-partageants d'un domaine politique tiraient leurs moyens de subsistance du produit du travail et des redevances qu'ils imposaient à la population assujettie. — Que leur intérêt bien entendu les obligeait à modérer leurs exigences et à perfectionner leur régime d'exploitation. — Transformation progressive de ce régime. — Que la politique des propriétaires d'États avait pour objectif l'augmentation de le puissance et de leur richesse.

Lorsque le partage d'un domaine conquis eut été effectué, chacun des co-partageants s'établit dans le lot qui lui était échu avec des compagnons plus ou moins nombreux qui préféraient s'attacher à sa fortune et vivre dans sa manse, plutôt que d'entreprendre l'exploitation d'un des petits lots assignés aux simples ouvriers de la conquête. La population de chacun de ces lots avait à pourvoir à la subsistance de son seigneur et propriétaire, soit qu'il la réduisit en esclavage et l'appliquât aux métiers et professions dont les produits ou les services lui étaient nécessaires, en se chargeant de leur fournir les nécessités de la vie, soit qu'il leur laissât la jouissance de leurs terres et de leurs métiers, en leur imposant des redevances en travail, en produits de leur industrie ou en argent. Comme les propriétaires seigneuriaux étaient les plus forts, ils dictaient leurs conditions, et les plus avides ne manquaient pas d'abuser de leur pouvoir. Cependant, l'expérience leur démontra qu'en exagérant leurs prélèvements sur le travail et ses fruits, ils affaiblissaient la capacité productive de la population assujettie et diminuaient par là même, à la longue, les revenus qu'ils en tiraient. Les plus intelligents s'appliquèrent à proportionner ces prélèvements aux forces contributives des sujets, esclaves, serfs ou colons, et à perfectionner le régime d'exploitation de leurs facultés productives : les esclaves furent employés aux travaux auxquels ils étaient les plus propres, et ceux qui exerçaient des métiers ou des professions dont les produits ou les services excédaient les besoins du maître et de sa maison furent autorisés à se créer, moyennant redevance, une clientèle extérieure ; ils constituèrent des corporations et s'affranchirent généralement par voie de rachat. Le seigneur se réserva encore le monopole de certains produits ou services, tels que la fabrication de la monnaie et la mouture du blé ; il établit des droits de douane ou des péages à l'entrée et à la sortie de son domaine, etc., etc. En même temps, la nécessité de l'ordre et surtout de l'obéissance à l'autorité du maître déterminait dans chaque domaine l'établissement d'un code, — emprunté d'ailleurs le plus souvent aux coutumes de la population assujettie, — d'une justice et d'une police, avec la sanction de pénalités graduées d'après la gravité des délits ou des crimes, et particulièrement rigoureuses pour ceux qui attentaient à la sécurité du seigneur et de son « État ». C'était, en un mot, une organisation naturelle qui répondait aux nécessités de la conservation et de l'exploitation du domaine seigneurial. Le revenu de ce domaine était d'autant plus élevé que le sol était plus fécond, la population plus laborieuse et industrieuse, l'administration seigneuriale plus intelligente, les charges mieux proportionnées à la capacité des contribuables. A côté des seigneuries les plus riches, d'autres, moins favorisées par la nature et plus mal administrées demeuraient pauvres, mais la classe conquérante, propriétaire du sol, n'en posséda pas moins longtemps avec la supériorité du rang celle des revenus, en comparaison des autres classes de la population.

C'était sur le produit de leurs domaines que vivaient tous les membres de l'armée qui avaient obtenu un lot immobilier dans le partage, à commencer par le chef lui-même. Il n'y avait que des redevances, des impôts et des monopoles locaux.

Lorsqu'une guerre survenait, soit que l'établissement commun, l'État, subit une agression, soit qu'une entreprise de conquête parut avantageuse, tous les propriétaires de domaines y concouraient par l'apport de leurs contingents de forces et de ressources. Ils supportaient leur part des frais de la campagne, et, en cas de victoire, ils recevaient une part du butin proportionnée à leur apport.

Il en alla ainsi jusqu'à ce que le plus fort eut assujetti à son autorité la généralité des propriétaires de seigneuries, et qu'au morcellement féodal succéda une domination unique. Alors, aux revenus de son domaine particulier, qui constituaient auparavant ses seuls moyens de subsistance, le chef, le roi, joignit une partie des impôts que percevaient les seigneurs et qui servaient à rétribuer des services désormais unifiés[1]. Il s'attribua, notamment en France, le monopole de la fabrication et de l'émission de la monnaie, l'impôt sur le sel, les droits de douane établis aux frontières de l'État. Toutefois, il ne pouvait dépouiller les seigneurs de cette portion de leurs revenus qu'à la condition de diminuer les charges que nécessitait la sécurité commune. C'est ainsi qu'il exonéra les seigneuries de la fourniture de leurs contingents de forces et de ressources, en instituant

[1] Voir *L'Évolution politique et la Révolution*, chap. III « L'agrandissement et l'exploitation de l'État ».

une armée permanente, à l'entretien de laquelle il était pourvu au moyen d'un impôt général, l'impôt des aides.

Mais que l'État fut morcelé entre une multitude de seigneuries indépendantes ou rattachées par les liens de la féodalité, ou qu'il fut entré dans sa période d'unification, ceux qui le possédaient obéissaient, comme les autres propriétaires d'entreprises industrielles ou autres, au mobile de l'intérêt et à l'appât du profit. Ils s'efforçaient incessamment d'augmenter l'importance de leurs établissements, et, par conséquent, leur puissance et leur richesse. C'était l'objectif de leur politique et le fondement de cette morale particulière que l'on a désignée sous le nom de raison d'État.

CHAPITRE VI

LA POLITIQUE ET LA MORALE DE L'ÉTAT DE GUERRE

Les risques auxquels les sociétés propriétaires des États politiques avaient à pourvoir. — L'antagonisme naturel de ces sociétés et les pratiques qu'il nécessitait. — Les alliances politiques. — Pourquoi elles étaient précaires — Les alliances matrimoniales et les motifs qui déterminaient à les conclure ou à les empêcher. — La morale politique, fondée sur la raison d'État. — Ce qui la différencie de la morale ordinaire. – Que la différence ou même l'opposition de ses pratiques avec celles de la morale ordinaire est déterminée par l'état de guerre. — Qu'elle ne se justifie qu'autant que la guerre est utile, c'est-à-dire conforme à l'intérêt général et permanent de l'espèce.

Ainsi que nous l'avons remarqué, la fondation et l'exploitation d'un établissement politique, d'un « État », à la suite d'une conquête — et telle a été l'origine de la généralité des États — était une entreprise comme une autre. C'était, sans doute, une entreprise naturellement aléatoire, mais qui procurait, par là même, à la société conquérante des bénéfices supérieurs à ceux de toute autre industrie. Un État était une vaste ferme dont les propriétaires recueillaient le produit — déduction faite du minimum de subsistance qu'ils ne pouvaient se dispenser d'accorder à leur personnel d'exploitation, — et ce produit net, dans les contrées favorisées par la nature, telles que l'Égypte, la Mésopotamie, l'Inde, pouvait s'élever fort haut et fournir d'amples moyens de subsistance à la société propriétaire de l'État. Cependant, il ne suffisait pas de conquérir un domaine territorial, il fallait le conserver et au besoin l'agrandir, quand la société s'était multipliée de manière à dépasser le nombre des emplois supérieurs qui constituaient son débouché. Or, toute société, en possession d'un établissement politique, d'un État, était continuellement exposée à deux sortes de risques. Au dehors, elle se trouvait en butte aux agressions des autres sociétés guerrières, en quête des bénéfices du pillage ou de l'exploitation. Au dedans, la société conquérante pouvait avoir à réprimer les révoltes de celle qu'elle avait vaincue et dépossédée, si elle n'avait pas pris la précaution de l'exterminer, et même de la multitude des esclaves et des serfs attachés à la glèbe ; enfin elle pouvait s'affaiblir par les divisions et l'ambition de ses membres, leurs querelles et leurs tentatives d'usurper la direction suprême de l'État. L'objet principal de la politique consistait à pourvoir à ces risques extérieurs et intérieurs ; il consistait encore à aviser aux moyens les plus propres à augmenter les forces et les ressources de l'État en vue de sa défense et de son agrandissement.

Entre les sociétés en quête ou en possession d'États, il y avait un antagonisme naturel car elles ne pouvaient acquérir un domaine ou l'agrandir qu'aux dépens les unes des autres. La politique de chacune devait donc avoir pour objet d'affaiblir ses rivales, soit en fomentant dans leur sein des luttes intestines, soit en restreignant ou en fermant les débouchés de leurs industries et en diminuant ainsi les ressources qu'elles pouvaient appliquer à une guerre toujours imminente ou tout au moins probable. Cependant, il était des circonstances où les intérêts de deux sociétés propriétaires d'États pouvaient s'accorder d'une manière temporaire ; c'était, par exemple, quand elles se trouvaient menacées par une troisième, supérieure en forces à chacune d'elles, ou quand elles se proposaient de s'agrandir à ses dépens. Elles concluaient alors une association temporaire ou une alliance jusqu'à ce qu'elles eussent atteint le but qu'elles avaient en vue. Enfin, dans les pays où la propriété des seigneuries et de l'État était héréditaire dans la même maison, et parfois partageable entre les héritiers comme toute autre propriété, les alliances matrimoniales acquirent une importance considérable. Au mode primitif d'agrandissement d'un État par la guerre vint s'ajouter l'agrandissement par héritage

C'est ainsi, en particulier, que se constituèrent les vastes domaines de la maison d'Autriche. De là le distique :

Tu felix Austria nube.

Ce mode d'agrandissement n'était toutefois pacifique qu'en apparence. Les successions d'États, en raison de leur importance, devinrent une source féconde de procès. Entre les particuliers, les procès de ce genre se vidaient devant les tribunaux. Entre les maisons propriétaires d'États, ils se vidaient par la guerre. Outre l'avantage d'un agrandissement, les alliances matrimoniales pouvaient procurer encore le concours de la maison alliée, en cas de guerre, bien que l'expérience démontrât fréquemment que les liens du sang étaient faibles en comparaison de ceux des intérêts. Jusqu'à une époque récente, l'art de conclure des alliances matrimoniales ou bien encore d'en empêcher la conclusion a figuré au nombre des mérites principaux des professionnels de la politique. De nos jours, la souveraineté de la plupart des maisons ayant passé, nominalement du moins, aux nations, et les domaines politiques ne pouvant plus être légués, quoiqu'on admette encore qu'ils puissent être vendus ou échangés, les alliances matrimoniales ont perdu la plus grande partie, sinon la totalité, de leur importance politique. Est-il nécessaire de dire qu'aussi longtemps qu'elles l'ont conservée, les convenances privées des futurs conjoints ont été subordonnées aux intérêts politiques, ou, pour mieux dire, n'ont été comptées pour rien. Au temps où nous sommes, les alliances politiques sont déterminées seulement par les intérêts réels ou supposés de la défense des nations ou de l'extension de leur domination ; mais à aucune époque, elles n'ont eu un caractère de persistance ou même de durée. Aucun propriétaire d'État ne s'est jamais fait scrupule de renoncer à une alliance pour en conclure une autre qu'il jugeait plus avantageuse, et de traiter en ennemi son allié de la veille. Il est d'ailleurs assez rare que les engagements publics ou secrets, stipulés dans une alliance, soient fidèlement exécutés. Ils ne le sont d'habitude qu'autant et aussi longtemps que chacune des parties contractantes les juge conformes à son intérêt.

Ceci nous amène à examiner en quoi consiste la morale politique et ce qui la différencie de la morale ordinaire. L'une et l'autre ont le même objectif, savoir : l'intérêt général et permanent de l'espèce humaine ; mais sous le régime de l'état de guerre elles comportent un ensemble de règles différentes et même opposées. La morale politique est celle de la société propriétaire de l'État et du gouvernement qui exerce le pouvoir en son nom et dans son intérêt. Or, cet intérêt implique en premier lieu l'adoption et la mise en vigueur des règles les plus propres à assurer la sécurité de possession du domaine politique et, au besoin, son agrandissement. En second lieu, l'intérêt de la société ou de la maison commande encore de maintenir dans l'obéissance la population assujettie du domaine, et cela avec d'autant plus de rigueur que la sécurité de possession de l'État est menacée davantage par la concurrence extérieure. Ces règles de conduite qu'impose la conservation de cette sorte de propriété, et qui sont mises en pratique par les gouvernements, ont leur raison d'être dans les nécessités de l'état de guerre; elles ont pour objet d'y pourvoir, tandis que la morale dont les gouvernements prescrivent l'observation individuelle, a pour objet le maintien de la paix dans l'intérieur de leur domaine. On conçoit donc que les règles de la raison d'État et celles de la morale ordinaire soient fréquemment en désaccord, quoiqu'elles aient finalement le même objet, savoir : la conservation et la prospérité de l'État. C'est ainsi que le maintien de la paix entre les hommes commande le respect de la vie et de la propriété d'autrui, tandis que la guerre implique la destruction de la vie et la confiscation de la propriété de l'ennemi par voie de pillage ou de conquête. De même, la conservation et l'agrandissement d'un domaine politique peuvent nécessiter des mesures et des règles que la raison d'État approuve et que la morale ordinaire condamne. La sécurité de possession de ce domaine peut commander, par exemple, des restrictions de toutes sortes à l'exercice de la liberté et de la propriété, ou même des dérogations formelles aux prescriptions de la morale ordinaire : l'espionnage, la délation, pour prévenir les complots ou les révoltes des sujets ou se prémunir contre l'hostilité des sociétés ou des maisons concurrentes.

Cependant, la morale a pour objectif non pas seulement l'intérêt général et permanent d'un État ou d'une nation, mais de l'espèce humaine tout entière. Les pratiques que nécessite la guerre ne se justifient donc au point de vue moral, qu'autant que la guerre elle-même est morale, c'est-à-dire conforme à l'intérêt de l'espèce. Du moment où la guerre cesserait d'être utile, la raison d'État et les pratiques qu'elle autorise devraient être et seraient condamnées comme immorales. Il en a été ainsi d'ailleurs pour un grand nombre de pratiques considérées et commandées même comme morales, telles que l'anthropophagie, l'infanticide, le rapt, l'esclavage, etc., jusqu'à ce que les progrès réalisés dans les conditions d'existence des sociétés leur aient enlevé leur caractère d'utilité.

Il s'agit donc de savoir si la guerre a continué d'être conforme à l'intérêt général et permanent de l'espèce, et, par conséquent, si la morale de la raison d'État a conservé sa raison d'être. L'examen des progrès que les sociétés ont accompli sous la pression de cette forme primitive de la concurrence nous fournira la réponse à cette question.

CHAPITRE VII

LES CAUSES DÉTERMINANTES DE LA GUERRE APRÈS LA CONSTITUTION DES ÉTATS POLITIQUES

Cause des invasions des hordes asiatiques en Europe. — Pourquoi elles ont cessé. — Mobiles déterminants des croisades. — Les guerres des peuples de l'Europe jusqu'à l'époque moderne. — Les guerres de conquête intérieure et extérieure. — Les guerres de succession. — Les guerres de religion. — La lutte du Paganisme et du Christianisme. — La Réforme. — Rôle du mobile économique dans les guerres de religion. — Que ces différentes guerres ont déterminé des progrès qui ont enlevé à la guerre sa raison d'être.

Le mobile de la politique et de cette morale particulière que l'on a désignée sous le nom de raison d'État, c'est l'intérêt des associations propriétaires et exploitantes des établissements, autrement dit des « États politiques ». Ce même mobile se traduisant par l'appât d'un profit apparaît dans toutes les guerres qui ont éclaté entre elles ou qu'elles ont eu à soutenir contre des envahisseurs barbares. C'est, pour ne pas remonter plus haut, l'appât d'un profit qui a attiré en Europe les invasions successives des hordes asiatiques. Si ces invasions ont cessé, c'est parce que la puissance des États européens est devenue telle que les entreprises d'invasion de leurs territoires en vue du pillage ou de la conquête ont fini par se terminer par une perte au lieu d'aboutir à un profit. Si les sociétés propriétaires des États du moyen âge ont envahi à leur tour les domaines des peuples asiatiques, si elles se sont associées pour entreprendre les croisades, c'est en vue d'un profit à la fois moral, — savoir la satisfaction du sentiment religieux — et matériel, savoir l'acquisition des richesses fabuleuses que l'imagination prêtait aux contrées d'où le commerce retirait ses articles les plus précieux. Lorsque l'expérience eût démontré que les croisades ne payaient pas, suivant l'expression américaine, on y renonça et les guerres d'expansion des peuples de l'Europe ne recommencèrent qu'après la découverte de l'Amérique et de la nouvelle route de l'Inde. Nous retrouvons le même mobile dans toutes les guerres que les castes ou les « maisons » propriétaires des États ont engagées ou soutenues jusqu'à l'époque moderne : guerres de conquête intérieure ou d'unification, guerres de conquête extérieure, guerres de religion, guerres de succession, guerres coloniales ou commerciales. Nous pourrons nous assurer, en les passant rapidement en revue, qu'elles n'ont pas eu d'autre objectif que l'acquisition ou la conservation de moyens de subsistance ou du moins que cet objectif, si dissimulé qu'il pût être, a toujours été prépondérant.

Il apparaît visiblement dans les guerres intérieures qui ont précédé et déterminé l'établissement du régime féodal et dans celles qui ont mis fin à la féodalité par l'absorption des seigneuries dans l'État unifié. Lorsque les Franks, les Burgondes et les autres tribus barbares se furent partagé la plus grande partie de l'État romain, lorsque, d'une autre part, les invasions ayant cessé, les liens qui rattachaient les armées conquérantes à leurs chefs se furent relâchés, chacun des co-partageants des domaines conquis s'efforça d'agrandir son lot aux dépens de ses voisins. De là, les guerres locales qui se multiplièrent sous les faibles successeurs de Charlemagne et aboutirent à la constitution du système d'assurance des plus faibles par les plus forts qui a pris le nom de féodalité. Mais si ce système avait pour résultat de réduire le nombre des concurrents en lutte pour l'agrandissement de leurs États et l'augmentation de leurs revenus, il laissait en présence les plus forts et devait nécessairement aboutir à l'absorption de leurs domaines politiques, partant des revenus qu'ils en tiraient par la perception des impôts, l'exploitation des monopoles etc., dans le domaine du plus fort de tous, c'est-à-dire du chef héréditaire de l'armée conquérante. En France, ce travail d'absorption a été la préoccupation principale sinon exclusive de la « maison » propriétaire du domaine politique de l'Ile-de-France qu'elle a successivement agrandi jusqu'aux limites de la France moderne par la conquête intérieure des seigneuries féodales, les conquêtes extérieures et les héritages.

Les propriétaires de domaines politiques pouvaient sans doute augmenter leur puissance et leur richesse autrement que par des annexions de territoires, en adoptant un système plus économique d'exploitation des populations, en rendant leur fiscalité moins lourde, en protégeant mieux leurs sujets contre le vol et le brigandage, sans oublier les malversations de leurs fonctionnaires. Les propriétaires d'États les plus intelligents ne négligèrent point ce moyen, certainement le plus efficace, d'assurer leur domination et d'accroître leurs revenus. C'est ainsi qu'à la longue, et non sans de fréquents retours en arrière, l'esclavage fut transformé en servage, que les liens du servage se relachèrent lorsque l'expérience eût démontré que ce régime d'exploitation était moins avantageux que la simple sujétion, que la régie des impôts fut remplacée par l'affermage, sauf ensuite à être rétablie comme un progrès lorsque l'affermage eut été vicié par la pratique des pots de vin ; mais, à l'exemple des propriétaires des établissements industriels ou commerciaux, c'est à l'extension de leurs exploitations que les propriétaires des établissements politiques demandèrent toujours, de préférence, l'accroissement de leur puissance et de leur richesse. En vain l'expérience agissait pour les convaincre qu'en agrandissant leur État au delà de ce qu'on pourrait appeler les limites économiques de ce genre d'entreprise, ils en rendaient la gestion plus difficile et moins productive, tout en accroissant les frais que nécessitait sa défense, ils mettaient leur orgueil à l'emporter sur leurs concurrents par l'étendue de leurs domaines. Et tel était l'objectif qu'ils poursuivaient invariablement, tant par la guerre que par le procédé des alliances matrimoniales. Celles-ci ont contribué pour une grande part à la formation des États actuellement existants mais non sans provoquer la longue série des guerres dites de succession.

Aux guerres de conquête intérieure et extérieure et aux guerres de succession se sont ajoutées, particulièrement à partir de la Réforme, les guerres de religion. Mais c'est une erreur de croire que ces guerres aient été le produit exclusif de la passion religieuse. Elles ont été déterminées, comme les autres, principalement par un intérêt de domination se résolvant en un profit purement matériel. Il suffit pour s'en convaincre d'examiner ce qu'ont été jusqu'à une époque récente et ce que sont encore dans quelques pays arriérés les rapports de l'Église et de l'État.

Nous avons étudié ailleurs le rôle que la religion a joué dans la constitution des sociétés et des États [1]. C'est grâce à l'intervention des Divinités, dont le sentiment religieux suggérait le concept, plus ou moins élevé et pur selon le degré de développement intellectuel et moral des peuples, mais en attestant par son existence dans le cœur humain celle d'une puissance supérieure à laquelle l'homme était tenu d'obéir, c'est, disons-nous, grâce à l'intervention des Divinités, aux règles de conduite qu'elles commandaient, en les sanctionnant par des pénalités et des récompenses terrestres ou supra-terrestres, que les hommes ont pu être assujettis à remplir les devoirs qu'exige l'état de société et à se soumettre aux sacrifices qu'il peut nécessiter, à commencer par le sacrifice de la vie même. La religion a donc été de tous temps l'agent nécessaire du gouvernement des sociétés. Tantôt le pouvoir religieux et le pouvoir politique se trouvaient dans les mêmes mains, tantôt dans des mains différentes, mais étroitement unies en raison du concours mutuel qu'elles se prêtaient, et jusqu'à ces derniers temps cette union intime des deux pouvoirs qui pourvoyaient au maintien de l'ordre social était considéré comme indispensable. On ne concevait pas plus la coexistence de deux ou de plusieurs gouvernements religieux dans le même

[1] Voir *Religion*, chap. III.

État que celle de deux ou de plusieurs gouvernements politiques. Que résultait-il de là? C'est qu'une religion nouvelle ne pouvait s'implanter dans un État que par voie de conquête et d'expropriation. Le clergé qui constituait l'armée du nouveau culte, s'emparait des fonctions et des propriétés du clergé de l'ancien culte et par conséquent de ses moyens d'existence. C'était la lutte pour la vie, et cette lutte impliquait l'extermination ou tout au moins l'expulsion et la dépossession du vaincu. Il est permis de conjecturer que cet intérêt temporel de conservation de ses moyens d'existence l'emportait chez les prêtres du paganisme sur l'intérêt spirituel de leurs ouailles et même sur l'amour de leur Divinités. Quant aux empereurs, ce fut certainement leur intérêt qui guida leur conduite dans la lutte entre l'ancien culte et le nouveau; ils défendirent le paganisme aussi longtemps qu'ils le crurent le plus fort, mais ils n'hésitèrent pas à l'abandonner et à prendre leur part dans ses dépouilles lorsque la victoire du christianisme leur parut assurée. Alors, le christianisme, à son tour, devint la religion de l'État, et il fit à ses persécuteurs la même guerre d'extermination qu'ils lui avaient faite. Il en usa de même dans les États qui se constituèrent sur les débris de l'empire romain, et jusqu'au XVIe siècle il réussit, grâce à la coopération de son associé, le pouvoir temporel, auquel il accordait, par une juste réciprocité, l'appui de son pouvoir spirituel, à se préserver de toutes les tentatives de dépossession des sectes schismatiques. Mais, tandis que le gouvernement politique subissait la pression salutaire de la concurrence sous forme de guerre, le gouvernement religieux, dépourvu de ce stimulant indispensable de conservation et de progrès se relâcha et se corrompit. Ceux d'entre ses sujets chez lesquels le sentiment religieux était le plus profond et le plus éclairé finirent par se soulever contre lui ; une demande de réforme se produisit, principalement dans les classes supérieures de la France, de l'Allemagne, de l'Angleterre, et comme toute demande, celle-ci provoqua la création d'une entreprise destinée à y pourvoir. Les promoteurs et les directeurs de cette entreprise, les Luther, les Calvin, les Zwingle, les Mélanchton constituèrent des gouvernements religieux qui entrèrent en lutte avec le gouvernement de l'Église catholique. Dans les pays où le mouvement de la réforme ne gagna qu'un petit nombre d'adhérents, en Italie et en Espagne, le gouvernement politique n'hésita point à mettre son pouvoir au service du gouvernement ecclésiastique, et à lui prêter le concours du bras séculier pour exterminer les hérétiques; en France, où l'hérésie se propagea davantage, elle déchaîna une guerre civile, dans laquelle la religion établie finit par l'emporter, mais non sans être obligée de supporter pendant près d'un siècle, jusqu'à la la révocation de l'édit de Nantes, la concurrence de l'hérésie. En Allemagne, en Angleterre, en Suède, au contraire, où le mouvement réformateur avait gagné la majorité et surtout la partie la plus influente de la nation, le gouvernement temporel prêta de bonne heure son concours au nouveau gouvernement spirituel et il y fut même d'autant plus disposé qu'il entra en partage des dépouilles de l'ancien. Tout en laissant le clergé protestant s'emparer des édifices du culte, de la dîme, etc., il confisqua à son profit les biens des couvents, et on peut conjecturer que l'appât des immenses richesses du clergé régulier contribua, au moins autant que la passion religieuse, à décider le roi Henri VIII à entrer dans la réforme.

Sans doute, le clergé orthodoxe se préoccupait du salut des âmes en provoquant l'extermination des hérétiques, mais la conservation de ses moyens d'existence, dont le triomphe de l'hérésie l'aurait dépouillé, devait naturellement stimuler son zèle. Pour les soldats sinon pour les promoteurs de la réforme, la considération des biens matériels qui constituaient le butin du vainqueur ne devait pas non plus être tout à fait indifférente. Enfin, si les chefs d'État subissaient dans quelque mesure la contagion des passions religieuses, ils obéissaient avant tout à leur intérêt Henri IV se convertissait à la religion la plus forte, en déclarant avec un cynisme naïf, que Paris valait bien une messe, et le très catholique cardinal de Richelieu s'alliait aux protestants de l'Allemagne, en subordonnant ainsi sans aucun scrupule l'intérêt religieux à l'intérêt politique.

En résumé, comme les guerres du premier âge, celles de cette période de l'existence des États, guerres de conquête, d'unification, de succession, de religion, ont eu invariablement pour mobile principal sinon unique, l'appât d'un profit. Mais quel qu'en ait été le mobile, elles ont déterminé une série de progrès, à la fois dans l'industrie destructive et dans les industries productives, qui ont eu pour résultat final d'enlever à la guerre sa raison d'être.

CHAPITRE VIII

LES PROGRÈS DE L'INDUSTRIE DE LA DESTRUCTION ET LEURS RÉSULTATS

Rôle croissant de l'intelligence dans l'art de la guerre. — Causes qui donnaient la victoire aux hordes de chasseurs et de guerriers dans leurs luttes avec les peuples en voie de civilisation. — Pourquoi ces hordes conquérantes perdaient ensuite leurs qualités guerrières. – Les guerres des Grecs et des Perses. — Causes déterminantes de l'agrandissement, de la décadence et de la chute de l'État romain. — L'origine de l'invention de la poudre. — Pourquoi cette invention a assuré la prépondérance des peuples civilisés dans l'art de la guerre. — Que cette prépondérance est devenue décisive depuis les nouveaux progrès réalisés dans l'armement. — Transformation que ces progrès ont opérée dans les éléments constitutifs de la valeur militaire. — Que ces progrès ont assuré les peuples civilisés contre le risque des invasions barbares et leur ont permis d'envahir à leur tour le domaine des peuples barbares ou arriérés. — Que la sécurité de la civilisation se trouvant ainsi assurée, la guerre a perdu sa raison d'être.

Dans les temps primitifs, lorsque l'art de la guerre est encore dans l'enfance, c'est la vigueur et le courage physique des combattants qui apparaissent comme les facteurs déterminants de la victoire; mais bientôt l'intelligence acquiert une influence prépondérante en organisant et en disciplinant les forces, en combinant et en ordonnant leurs mouvements sous une direction unique et souveraine. Alors une troupe disciplinée, hiérarchisée et commandée, l'emporte sur une foule confuse et anarchique, — celle-ci fut-elle supérieure en nombre, en vigueur et en courage.

La supériorité de l'armement, due, de même, à l'intervention de l'intelligence, exerce aussi sa part d'influence sur le résultat de la lutte ; mais c'est seulement à dater de l'invention des armes à feu que cette influence s'accroît et acquiert, tous les autres facteurs étant supposés égaux, une importance décisive. Quant aux avances de capital nécessaires à la formation du personnel apte à la guerre, à la création du matériel, à l'entretien et à la mise en œuvre de l'armée, elles sont, à l'origine, relativement peu considérables. On s'explique donc que des hordes de chasseurs ou de pasteurs aient pu vaincre les armées bien plus nombreuses des empires qui s'étaient constitués dans les bassins fertiles des grands fleuves de l'Inde, de la Mésopotamie et de l'Eygypte. Ces barbares l'emportaient sur leurs adversaires par la supériorité de la vigueur physique et des facultés de combat et ne leur étaient pas sensiblement inférieurs sous le rapport de la discipline et de l'armement ; enfin l'abondance des ressources alimentaires dans les contrées qu'ils envahissaient, suppléait à l'insuffisance de leurs avances de subsistance. On s'explique encore qu'après avoir conquis un État florissant et se l'être partagé, ces barbares se soient montrés, plus tard, impuissants à résister aux invasions d'autres Barbares accoutumés comme ils l'étaient eux-mêmes auparavant, à mener une vie dure. L'abondance des biens dont ils jouissaient et abusaient, en exploitant une contrée fertile et une population laborieuse, leur faisait perdre peu à peu les facultés les plus nécessaires à la lutte. Les guerres entre les Grecs et les Perses nous fournissent à cet égard un exemple caractéristique. Grâce à la supériorité de leur vigueur physique et de leurs aptitudes de combat, accrues par le dressage et entretenues par leurs luttes intestines, les Grecs repoussèrent les armées des Perses, dix fois plus nombreuses. Encouragés par ce succès, les Grecs de la Macédoine envahirent à leur tour les États du grand roi et en firent la conquête avec une facilité extraordinaire, malgré l'énorme inégalité du nombre.

Si nous examinons de même les causes de l'agrandissement successif du petit État fondé par une troupe de brigands du Latium, jusqu'aux proportions du plus vaste empire de l'antiquité, si nous recherchons ensuite comment cet empire, malgré les nombreuses armées qu'il pouvait mettre sur pied et les immenses ressources dont il disposait, a pu être envahi et dépecé par des troupes de Barbares inférieurs en nombre et en ressources de tous genres, nous en trouverons encore la cause dans la comparaison des éléments de puissance qui déterminent la victoire. Les Romains possédaient à un haut degré les qualités qui constituent la valeur militaire, la vigueur, la combativité, auxquelles se joignaient chez les soldats l'endurance et le sentiment de l'obéissance, chez les chefs, l'aptitude à commander et fréquemment le génie de l'art de la guerre. La constitution politique de Rome, en concentrant le pouvoir dirigeant entre les mains d'un patriciat particulièrement apte au gouvernement, contribuait encore à lui donner la victoire dans ses luttes avec des États moins solidement constitués et moins habilement dirigés. Enfin, jusqu'au siècle d'Auguste, Rome fut continuellement en guerre et, pendant cette longue période, les aptitudes natives de combat de ses citoyens se conservèrent et se développèrent par un constant exercice. Il en alla autrement lorsque le temple de Janus eut été fermé. Alors et pendant plus de trois siècles, la paix romaine ne fut plus troublée que par des guerres partielles. Les qualités guerrières que des luttes séculaires et presque ininterrompues avaient développées chez les armées romaines s'affaiblirent, sous l'influence énervante de l'oisiveté à laquelle les condamnait la paix, tandis que les Barbares qu'elles avaient vaincus s'instruisaient à leur école. Si Marius avait pu détruire les hordes indisciplinées des Teutons et des Cimbres et César les armées encore imparfaitement organisées des Gaulois, les Franks et les autres Barbares qui fournirent plus tard des recrues aux armées impériales, apprirent à les vaincre en leur empruntant leur organisation et leur tactique. A ces causes d'affaiblissement de l'instrument de guerre s'ajoutait la situation précaire du pouvoir dirigeant d'un empire, dont les limites s'étaient d'ailleurs étendues à l'excès, et la diminution des ressources, causée par l'excès de la fiscalité et la concentration excessive des propriétés entre les mains d'une aristocratie oisive et dégénérée. Sous l'influence de ces causes d'affaiblissement, l'empire romain succomba sous l'effort des Barbares comme avaient succombé avant lui les anciens empires. Mais il était trop étendu et attaqué par une trop grande diversité de peuples pour continuer à former un seul État. Les Barbares s'y taillèrent des États nombreux, qui entrèrent en concurrence, et c'est de leurs luttes qu'ont surgi les progrès militaires, politiques et économiques, qui ont changé les conditions d'existence des sociétés et préparé l'avènement d'une ère nouvelle dans la vie de l'humanité.

Les peuples de races germanique et slave qui s'étaient partagé la plus grande partie des domaines de l'empire romain eurent dans les premiers siècles de la fondation de leurs États à les défendre contre d'autres envahisseurs, les Huns puis les Sarrasins. Après avoir repoussé ces invasions, ils s'unirent à leur tour, sous la double impulsion d'une passion religieuse et de l'appât d'un profit, pour conquérir les régions occupées par les ennemis de leur foi et dont on leur vantait la richesse. C'est à ces tentatives de conquête renouvelées pendant deux siècles qu'on doit faire remonter l'origine des progrès qui ont transformé l'art de la destruction, et assuré aux peuples civilisés la prééminence dans cet art comme dans les autres branches de l'activité humaine. Selon toute apparence, l'invention de la poudre procède de celle du feu Grégeois, mais, quelle qu'en soit l'origine, elle a profondément modifié les conditions de la lutte. Avant cette invention, les peuples les moins avancés en industrie pouvaient fabriquer des armes dont l'efficacité n'était guère inférieure à celle des engins de destruction des peuples civilisés, lances, arcs, flèches, javelots, etc. La fabrication des armes à feu exigea des connaissances spéciales et un outillage industriel que ne possédaient point les peuples barbares ou arriérés. En même temps, la constitution de ce matériel perfectionné impliquait une avance de capital considérable. Non seulement les fusils et les canons coûtaient plus cher que les lances, les arcs, les flèches, les javelots, mais la poudre et les projectiles augmentaient d'autant les frais de leur emploi. D'un autre côté, si les armes à feu rendaient inutiles les cuirasses et les boucliers, elles nécessitaient des fortifications plus coûteuses; il fallait remplacer les simples murailles par des remparts assez épais pour résister à l'artillerie.

De nos jours, un progrès plus décisif encore a été réalisé par l'invention des explosifs et des armes à longue portée. Non seulement le nouveau matériel, dont la puissance destructive va s'augmentant tous les jours, exige un surcroît de science et de capital, mais il a opéré, à l'avantage des peuples civilisés, un changement radical dans la proportion des éléments constitutifs de la valeur militaire. La vigueur et le courage physique, qui sont communs à l'homme et aux animaux carnassiers et qui décident de la victoire dans les luttes corps à corps ou à des distances qu'un court élan peut franchir, ne jouent plus qu'un rôle secondaire depuis que la zone dangereuse qu'il faut parcourir pour faire reculer l'ennemi et demeurer maître du champ de bataille a triplé ou quadruplé d'étendue. C'est la force morale puisée dans le sentiment du devoir, qui peut seule maîtriser l'instinct physique de la conservation dans cette épreuve prolongée [1]. Or la science, le capital et la force

[1] APPENDICE. Note A. Les zones dangereuses d'un champ de bataille.

morale sont les fruits d'une civilisation supérieure.

Les résultats de ces progrès successifs de l'outillage de l'industrie de la destruction se sont développés et accentués depuis quelques siècles. Après avoir été confinés dans les domaines étroits où ils étaient établis en Europe, les peuples appartenant à notre civilisation ont envahi les vastes domaines occupés par les peuples inférieurs ou arriérés; ils ont soumis à leur domination l'Amérique, l'Océanie, la plus grande partie de l'Asie et ils s'emparent aujourd'hui de l'Afrique. Le temps n'est pas éloigné où ils seront les maîtres incontestés du globe. La facilité avec laquelle ils étendent leurs conquêtes et viennent à bout des résistances des peuples les plus belliqueux, atteste que le péril des invasions a complètement disparu, en un mot que la civilisation est désormais pleinement assurée contre la barbarie. La guerre a achevé cette œuvre d'assurance de la sécurité qu'elle pouvait seule accomplir, ou du moins il ne lui reste plus que peu d'efforts à faire pour la compléter, et en cessant d'être « utile » elle a perdu sa raison d'être.

Elle subsiste cependant et elle semble même menacer plus que jamais la prospérité des peuples civilisés. Mais nous allons voir qu'après avoir transformé l'industrie de la destruction, elle a déterminé, dans les industries productives, des progrès qui agissent pour la rendre impossible.

CHAPITRE IX

LES PROGRÈS DES INDUSTRIES PRODUCTIVES. — LA GENÈSE DE LA CONCURRENCE INDUSTRIELLE

Récapitulation des causes qui ont fait naître la guerre et des progrès qui lui ont enlevé sa raison d'être. — Qu'elle aurait continué toutefois à être nécessaire si elle n'avait pas été remplacée par une forme supérieure de la concurrence vitale, la concurrence productive. — Genèse de la concurrence productive. — La division du travail et l'échange. — Les obstacles naturels à l'extension de l'échange. — Comment ces obstacles ont été successivement aplanis. — Comment l'extension des marchés de l'échange a développé et généralisé la concurrence productive. — Qu'elle s'est substituée à la guerre comme véhicule de conservation et de progrès.
Naissance de l'idée de la paix et décadence de la guerre.

Avant d'examiner pourquoi la guerre est destinée à disparaître après avoir rempli un rôle nécessaire, récapitulons les causes qui l'ont fait naître et celles qui ont agi pour lui enlever sa raison d'être.

Les lois naturelles qui gouvernent la vie végétale et animale, lois de l'économie des forces et de la concurrence vitale, ont pour objectif la conservation et le progrès des espèces, — progrès limités, d'ailleurs, par la destination assignée à chacune. Cet objectif, elles l'atteignent en donnant la victoire aux plus forts, en d'autres termes, aux plus aptes à conserver l'espèce et à la faire progresser.

Sous la pression de la concurrence vitale, les hommes, comme la plupart des autres espèces, forment des associations d'assistance mutuelle. Ces associations entrent en lutte pour l'acquisition de la subsistance. Les plus fortes, celles qui ont acquis la plus grande somme de puissance, en se conformant plus exactement que les autres à la loi de l'économie des forces, dans les manifestations de leur activité, l'emportent et subsistent à l'avantage de l'espèce. Mais la lutte a suscité, en les rendant nécessaires, des progrès qui modifient les éléments constitutifs de la puissance. C'est d'abord la supériorité de la force et du courage physique qui donne la victoire. Mais l'intelligence intervient : elle invente un armement artificiel qui accroît progressivement la capacité destructive des lutteurs, et elle crée l'art d'employer et de combiner leurs forces de manière à leur faire produire le maximum d'effet utile. Alors la victoire cesse d'appartenir à la force physique, elle passe à la supériorité mentale.

Cependant, l'intelligence ne se borne pas à augmenter la capacité destructive de l'homme, elle s'applique à créer et à développer sa capacité productive. Après lui avoir fait découvrir les procédés les plus efficaces pour s'emparer des subsistances que la nature a mises à sa disposition, elle lui enseigne les moyens de les multiplier. Les industries productives prennent naissance, mais leur existence et leur développement sont subordonnés à une condition : la sécurité. Qu'est-ce que la sécurité? C'est l'assurance de la vie, des instruments et des produits qui servent à l'alimenter. Lorsque cette assurance fait défaut, lorsque le plus faible est continuellement exposé à être dépouillé des produits de son industrie par le plus fort, il n'est point excité à dépenser le travail que nécessite toute production et à endurer la peine que cette dépense implique. Car le mobile de son activité, c'est le profit, autrement dit l'excédent de la jouissance sur la peine. La sécurité est donc la condition indispensable de la production. Mais qui peut la procurer au plus faible, sinon le plus fort? Et qu'est-ce qui peut déterminer les plus forts à s'imposer la peine et à courir les risques qu'implique la production de la sécurité, sinon encore l'appât d'un profit? Ils s'y sont déterminés par l'appât d'un profit supérieur à celui que leur procurait la destruction des plus faibles et l'appropriation de leurs moyens de subsistance. Ce profit supérieur, ils l'ont obtenu par la conquête d'un territoire et l'assujettissement de sa population, lorsque l'agriculture et les autres industries productives eurent augmenté la productivité du travail de manière à donner en sus de la somme nécessaire à la subsistance et à la reproduction du travailleur, un « produit net ». Ce produit net constitua le profit de la société conquérante, et le prix dont elle faisait payer la sécurité à la population assujettie qu'elle était désormais intéressée à préserver de la destruction et du pillage. Ce même intérêt lui commandait de ne pas exiger, sous forme de corvées et d'autres redevances, au delà du montant du produit net, sous peine d'entamer et de détruire le capital de forces productives dont l'exploitation lui fournissait ses moyens de subsistance. Il lui commandait même d'abandonner une part de ce produit net à la population assujettie, afin de la stimuler à augmenter le produit brut par un emploi plus assidu et plus actif de ses forces productives. Cependant, les membres de la société conquérante et propriétaire de l'État étaient naturellement portés à abuser de leur pouvoir et ils auraient fini par épuiser le fonds d'où ils tiraient leur subsistance, si la concurrence des autres sociétés en quête d'agrandissements de territoire ne les avait obligés à aviser aux moyens les plus propres d'augmenter la puissance de leur État, sous la plus efficace des sanctions : l'extermination ou, tout au moins, l'expropriation et l'assujettissement. La concurrence les a excités à perfectionner leurs institutions militaires, politiques et économiques, et cette excitation était d'autant plus vive et plus féconde que la pression de la concurrence était plus constante et plus forte. Les sociétés qui ont réalisé ces progrès nécessaires à un plus haut degré que leurs concurrentes sont devenues les plus puissantes, elles ont agrandi leurs domaines aux dépens des moins capables de progrès, et en les agrandissant, elles ont étendu l'aire de la sécurité.

Enfin, en transformant l'art et le matériel de la destruction, le progrès a assuré, d'une manière définitive, la victoire à la supériorité de la science, du capital et de la valeur morale, c'est-à-dire à des éléments de puissance qui sont le produit de la civilisation, et que les peuples barbares ou arriérés ne peuvent acquérir qu'en s'élevant au niveau des nations les plus avancées sous ce triple rapport. Le monde civilisé étant devenu ainsi le plus fort, la sécurité est désormais assurée et la concurrence sous sa forme destructive de guerre a cessé d'être nécessaire pour la produire.

Cependant, la concurrence est l'instrument nécessaire de la conservation et du progrès de l'espèce humaine comme de toutes les autres. On pourrait donc se demander si la guerre, après avoir assuré la sécurité de la civilisation, n'aurait pas encore une autre tâche non moins indispensable à remplir, celle d'empêcher l'engourdissement de l'activité humaine et l'arrêt du progrès. Il en serait ainsi si la guerre, en étendant et en consolidant la sécurité, n'avait pas fait surgir une autre forme, non moins énergique et plus économique de la concurrence vitale : la concurrence productive ou industrielle.

Celle-ci est née des progrès politiques et économiques déterminés par sa devancière, Résumons-en brièvement la genèse. De même que la concurrence destructive nait lorsque deux ou plusieurs individus convoitent la même proie et entrent en lutte pour se l'approprier, la concurrence productive ou industrielle apparait lorsque deux ou plusieurs individus entrent en lutte pour se procurer par voie d'échange le produit ou le service dont ils ont besoin. Ils offrent un produit ou un service en échange de celui qu'ils demandent. Lequel d'entre eux l'emporte et réalise l'échange? Le plus fort, c'est-à-dire celui qui peut fournir la plus grande quantité du produit qu'il offre à l'échange. Mais qu'est-ce qui lui permet de fournir une quantité supérieure à celle de ses concurrents? C'est sa capacité de créer le produit ou le service, avec une moindre dépense, autrement dit, à meilleur marché, en employant des instruments et des procédés plus efficaces et plus économiques. La concurrence productive a donc pour effet de déterminer, en le rendant nécessaire, le progrès de l'outillage et des procédés de la production, de même que la concurrence destructive a pour effet de susciter le progrès de ceux de la destruction.

C'est l'échange qui engendre la concurrence productive, et l'échange, à son tour, naît de la division du travail, laquelle est déterminée par la loi de l'économie des forces et l'appât d'un profit. Le travail se divise lorsqu'il devient plus économique et profitable de produire un article de consommation en quantité supérieure au besoin qu'on en a, et de se procurer, en échange de l'excédent, un autre article dont la production coûterait plus de travail et de peine si on le produisait soi-même. Cependant, la division du travail et l'échange ne sont devenus possibles qu'après que l'industrie alimentaire, qui pourvoit au premier besoin de l'homme, eut été rendue assez productive pour lui fournir un excédent d'aliments en échange de la quantité de travail qu'il pouvait dépenser, c'est-à-dire lorsqu'il eut appris à multiplier les matériaux de sa subsistance. Alors, les producteurs de cet article de première nécessité pouvant disposer d'un excédent trouvèrent profit à échanger cet excédent contre d'autres produits ou services.

Mais il ne suffisait pas que l'homme eût appris à produire, il fallait encore qu'il fût assuré de jouir au moins d'une partie des produits de son industrie. Cette assurance, les plus forts l'établirent, comme nous l'avons vu, par la conquête et l'appropriation d'un territoire, la constitution d'un État et l'asservissement de la population vouée aux travaux de la production. Dans la période initiale de la conquête, chacun des co-partageants du territoire vivait des produits de son domaine et ne se procurait, par voie d'échange, qu'un petit nombre d'articles dont les matériaux n'existaient pas dans l'enceinte de ce domaine. La sphère de l'échange ne dépassait que par exception les limites de chaque seigneurie. Le défaut de sécurité et de moyens de communication opposait encore à son extension des obstacles difficiles à franchir, mais que l'appât d'un profit élevé finissait cependant par surmonter.

Le commerce se développa, en dépit de ces obstacles, et multiplia les marchés d'échange. Les progrès politiques qui déterminèrent la constitution du régime féodal, puis l'unification des États, élargirent successivement ces marchés et, à mesure qu'ils s'élargissaient, la concurrence y devenait plus active. Le nombre des concurrents, dans chaque branche de la production, allait s'augmentant, et les profits que les échangistes pouvaient obtenir en réalisant les progrès qui rendent plus fort s'accroissaient avec l'extension des marchés. Enfin, lorsque la sécurité et les moyens de communication eurent commencé à s'internationaliser et à créer, en dépit des obstacles de la fiscalité et de la protection, un « marché général » d'une étendue illimitée, la concurrence productive se généralisa à son tour et devint, sur toute la surface du globe et dans toutes les branches de la production, le stimulant énergique du progrès. A mesure, en effet, qu'elle se développe, toutes les sociétés sont excitées à réaliser les progrès nécessaires pour la soutenir, — sous peine d'être exclues d'un marché de plus en plus unifié, et expropriées de leurs moyens de subsistance comme elles l'étaient auparavant par la guerre.

Ainsi, la guerre a achevé son œuvre, en suscitant une série de progrès qui ont assuré la sécurité des sociétés en voie de civilisation et fait surgir une autre forme plus économique et plus efficace de la concurrence vitale : la concurrence productive.

Lorsque la supériorité des peuples civilisés dans l'art de la guerre devint manifeste, l'idée de l'établissement d'une paix universelle et permanente commença à germer dans les intelligences les plus ouvertes à la conception du progrès. Ainsi que toutes les idées nouvelles, elle fut considérée d'abord comme une pure utopie. Elle se propagea néanmoins dans le cours du XVIIIe siècle, elle inspirait au début de la Révolution française, les apôtres généreux de la fraternité des peuples et elle provoquait un peu plus tard la fondation des sociétés de la paix [1]. Cependant

[1] APPENDICE. Note B. Les sociétés de la paix.

la réalisation de cette utopie était subordonnée à des progrès encore en germe, et la guerre, avant de disparaître, allait entrer dans une période de recrudescence. Ce n'en était pas moins une période de décadence, car en cessant d'être utile, la guerre était devenue nuisible, et elle devait infliger désormais, sans la compensation d'une augmentation de sécurité, des dommages croissants à l'ensemble de la communauté civilisée.

II

DÉCADENCE DE LA GUERRE

CHAPITRE PREMIER

L'ANCIEN RÉGIME DES ÉTATS CIVILISÉS. — CE QU'IL ÉTAIT A LA FIN DU XVIIIe SIÈCLE

Comment la sécurité s'est produite par l'assujettissement des plus faibles aux plus forts. — Qu'elle ne pouvait se produire autrement. — Que les producteurs de sécurité n'obtenaient à l'origine que la rétribution nécessaire de leur industrie. — Causes de l'augmentation progressive du prix de la sécurité. — Comment les classes assujetties ont réussi à le limiter. — Lutte entre les classes assujetties et les sociétés propriétaires des Etats politiques. — Péripéties de cette lutte. — Les révolutions et les guerres d'émancipation, — dans les Pays-Bas, — en Angleterre, — en Amérique. — Situation politique des Etats civilisés à la veille de la Révolution française. — Décadence de l'état de guerre. — Sa recrudescence provoquée par la subversion prématurée de l'ancien régime en France.

Condition nécessaire des progrès qui ont élevé l'espèce humaine au-dessus de l'animalité, la sécurité s'est créée par l'assujettissement des plus faibles aux plus forts. Étant donné, la nature de l'homme, l'inégalité des variétés de l'espèce et la diversité de leurs aptitudes, pouvait-elle se créer autrement? Les plus forts n'auraient-ils pas continué à dépouiller les plus faibles et à en faire leur proie s'ils n'avaient pas trouvé plus de profit à exploiter leurs facultés productives, ce qui impliquait la nécessité de les protéger après les avoir assujettis. Cette protection coûtait cher, sans doute, aux races qu'elle préservait des périls qui menaçaient leur existence, à une époque où la force ne pouvait être refrénée que par elle-même. Elles la payaient au prix de leur liberté, et de la plus grande partie sinon de la totalité du produit net de leur travail, mais peut-on dire qu'elle leur coûtât trop cher? Que seraient devenues ces races incapables de se défendre si elles n'avaient pas trouvé des défenseurs? Si élevé que pût être le prix du service de sécurité qui leur était fourni, il demeurait inférieur à la valeur de ce service, puisqu'elles ne pouvaient ni s'en passer ni le produire elles-mêmes. Pourrait-on affirmer d'ailleurs qu'il dépassât les frais et le profit nécessaire de la production de la sécurité? Les associations d'hommes forts qui assurèrent la vie des plus faibles par la fondation des États politiques exerçaient une industrie naturellement dangereuse et aléatoire. La conquête et la conservation d'un territoire et de sa population impliquaient des risques qui menaçaient continuellement l'existence de la société conquérante et gouvernante. Comme dans toute autre industrie, les profits devaient être proportionnés aux risques. A la vérité, les membres de la société propriétaire de l'État étaient naturellement portés à abuser du pouvoir discrétionnaire qu'ils possédaient sur la population assujettie. Mais, d'abord, leurs intérêts de propriétaires agissaient pour les empêcher d'appesantir le fardeau des corvées, des redevances, des impôts et monopoles, de manière à épuiser les forces de leurs sujets et, par conséquent, de tarir la source même de leurs revenus ; ensuite, le pouvoir dirigeant de la société, le « Gouvernement », était intéressé à empêcher des abus d'exploitation qui avaient pour résultat d'affaiblir la puissance de l'État en diminuant ses ressources, et l'action modératrice de cet intérêt supérieur se faisait surtout sentir lorsque la concurrence, sous sa forme destructive de guerre, était continue et pressante. Si l'on songe encore que la productivité de la généralité des industries demeura très faible aussi longtemps que le peu d'étendue des marchés fit obstacle aux progrès de la division du travail et à l'emploi d'une machinerie perfectionnée, on reconnaîtra que les frais de nourriture, d'entretien et de gouvernement de la population assujettie, si réduits qu'ils pussent être, ne laissaient à la classe des propriétaires de l'État qu'un minimum de produit net, en sorte qu'en fait, sauf de rares exceptions, elle n'obtenait guère que la rétribution nécessaire de ses services. La situation changea lorsque l'extension de la sécurité eût déterminé celle des marchés, et provoqué les progrès qui augmentèrent successivement la productivité du plus grand nombre des branches d'industrie. Alors le produit net s'accrut, et la société propriétaire de l'État, son gouvernement aussi bien que ses membres, purent élever le taux de leurs prélèvements sur le produit brut. Mais alors aussi, l'augmentation de la productivité de l'industrie fit surgir de la multitude assujettie une classe intermédiaire dont la richesse, et l'influence attachée à la richesse, allèrent croissant. Dans les pays où cette classe ne réussit point à se débarrasser du joug de la servitude, où encore elle ne parvint point à associer ses forces, elle demeura, et avec elle la multitude dont elle était issue, à la merci des exigences des propriétaires de l'État. Dans les pays, au contraire, où cette élite industrieuse et économe avait racheté sa liberté et groupé ses forces dans des corporations ou des communautés, elle put opposer un frein à ces exigences. Elle revendiqua d'abord le droit de consentir l'impôt et d'en débattre le montant, comme était consenti, après marchandage, le prix de ses propres produits ou services. Enfin, son ambition s'élevant à mesure que l'accroissement de la productivité de son industrie la rendait plus riche et plus influente, elle voulut être admise à participer à la gestion même de l'établissement politique. De là, une série de réformes qui ont abouti à la transformation de la constitution des États et à l'institution du régime représentatif et parlementaire.

De tous temps, les abus du pouvoir de la Société propriétaire de l'État et de ses membres, l'excès des charges et la dureté du régime auquel ils soumettaient la multitude assujettie pour la maintenir dans l'obéissance l'avaient excitée à secouer un joug trop lourd. Rome avait eu ses révoltes d'esclaves et les États du moyen âge leurs insurrections de paysans, serfs de la glèbe ; mais ni les uns ni les autres ne possédaient les ressources et la capacité nécessaires pour l'emporter dans leur lutte contre la société propriétaire de l'État et constituer un gouvernement qui remplaçât le sien. Leurs séditions avaient été réprimées sans qu'ils eussent obtenu aucune garantie contre l'oppression et les exactions dont ils étaient victimes. Dans un certain nombre de foyers de production où des branches importantes d'industrie avaient groupé une population entreprenante, énergique et économe, et où la richesse s'était amplement développée, l'issue du conflit entre les maîtres et les sujets avait été différent ; les sujets avaient obtenu, de gré ou de force, des chartes qui limitaient le pouvoir de leurs maitres, notamment en matière de redevances et de taxes, et leur conféraient le droit de pourvoir eux-mêmes à des services dont les propriétaires de l'État se réservaient auparavant le monopole. Il convient de dire toutefois que dans les cités où ils réussirent à s'affranchir d'une domination devenue trop oppressive et trop lourde, la leur ne le fut pas moins pour les couches inférieures de la population, et quand elle descendit davantage, elle aboutit, comme à Florence, à une anarchie qui fit regretter et restaurer le gouvernement des anciens maîtres, maisons ou oligarchies souveraines. Ce fut seulement lorsqu'une série d'inventions et de découvertes eurent agrandi les marchés de l'industrie et la sphère d'opération du commerce que la lutte entre les sujets et les maîtres de l'État recommença avec une nouvelle énergie, et que s'ouvrit l'ère des révolutions et des guerres d'émancipation. Dans les Pays-Bas, où le commerce et l'épargne avaient fait surgir une bourgeoisie puissante par sa capacité et sa richesse, la lutte s'engagea entre cet état-major de la multitude assujettie et la « maison » souveraine de l'Espagne ; elle se termina par la victoire de la révolution et la constitution d'un État, appartenant non plus à une maison mais, nominalement du moins, à la nation. En Angleterre où la concentration dictatoriale des pouvoirs du gouvernement ne s'était pas imposée, grâce à l'abri que la situation insulaire du pays conquis assurait aux conquérants contre le risque d'une dépossession, où, comme dans les Pays-Bas, le développement rapide de l'industrie et du commerce avait suscité, à partir du règne d'Elisabeth, une classe moyenne consciente de sa force, les tentatives imprudentes du chef de la maison souveraine à importer en Angleterre les pratiques de l'absolutisme continental provoquèrent une révolution, et après une dictature, suivie d'une restauration, l'établissement d'une monarchie dite constitutionnelle et parlementaire. Le trait caractéristique de ce régime qui a été successivement adopté par la plupart des États de l'Europe, réside, comme on sait, dans l'obligation imposée au souverain de confier la gestion de l'État à un ministère investi de la confiance de la majorité d'un parlement qui représente ou est censé représenter la nation. Enfin, en Amérique, où les gouvernements des peuples colonisateurs avaient établi un système de sujétion et d'exploitation qui conférait à la classe gouvernante de la métropole le monopole des emplois civils et militaires, et réservait de même le marché des articles d'importation et d'exportation, soit à la totalité, soit à une fraction privilégiée de la classe des industriels et des commerçants, où encore le gouvernement s'attribuait le droit qu'il avait conservé en Europe, — l'Angleterre exceptée, — de taxer ses sujets sans leur consentement, en Amérique, disons-nous, les sujets des colonies anglaises revendiquèrent ce droit dont leurs compatriotes jouissaient dans la métropole. N'ayant pu l'obtenir de gré, ils eurent recours à la force, et, avec le secours de la France, ils s'affranchirent de la domination de l'Angleterre.

Telle était la situation politique des États civilisés à la veille de la révolution française. L'État appartenait à une maison ou à une oligarchie qui le gouvernait souverainement, comme le propriétaire d'une maison de commerce ou le conseil d'administration d'une société gouverne son établissement, en s'appliquant à augmenter sa clientèle et à en tirer le profit le plus élevé possible. En Angleterre seulement les sujets avaient obtenu des garanties contre l'abus du pouvoir de leurs maîtres, et la bourgeoisie industrielle et commerçante était représentée dans le parlement. En fait toutefois, le gouvernement de l'État était demeuré entre les mains de l'aristocratie dont la richesse et l'influence étaient encore, à cette époque, absolument prépondérantes.

Mais dans toute l'Europe et particulièrement en France, ce régime adapté à l'état de guerre était en pleine décadence. Depuis la levée du siége de Vienne (1683), la supériorité militaire des peuples civilisés étant devenue manifeste, le danger des invasions avait disparu, et les guerres intestines de la civilisation, rendues plus coûteuses par les progrès combinés des outillages de la destruction et de la production, et plus dommageables par ceux de l'extension des marchés, ne profitaient plus, visiblement, qu'à la classe gouvernante, tout en appesantissant le fardeau des impôts et des dettes sur la multitude. En même temps, la bourgeoisie laborieuse et économe s'enrichissait tandis que l'aristocratie s'appauvrissait par ses habitudes d'oisiveté et de dissipation. Le Tiers-État prenait conscience de sa force ; il n'était rien, il aspirait à être tout. Les écrivains issus de son sein, et demeurés dans une condition subalterne malgré l'énorme accroissement d'influence qu'ils devaient à la découverte de l'imprimerie, partageaient et secondaient son ambition ; ils soulevaient les passions populaires en dénonçant les vices et les abus d'un régime qui avait cessé d'être adapté aux nouvelles conditions d'existence qu'une efflorescence extraordinaire de progrès commençait à faire aux sociétés. Grâce à la faiblesse et à l'impéritie du chef de la maison souveraine, au défaut d'entente et de cohésion d'une noblesse dont la monarchie avait détruit elle-même en se l'asservissant la force de résistance, ce travail de démolition, poursuivi avec une furie croissante, aboutit à la subversion prématurée de l'ancien régime. Prématurée, disons-nous, car les promoteurs et les auteurs de la révolution n'avaient et même ne pouvaient encore avoir aucune idée des institutions adaptées au régime de liberté et de paix qu'ils voulaient fonder. Au lieu d'instituer la liberté, ils ressuscitèrent le despotisme, sous sa forme la plus brutale ; au lieu d'établir la paix, ils provoquèrent une recrudescence de la guerre.

CHAPITRE II

CARACTÈRES ÉCONOMIQUES DE L'ANCIEN RÉGIME

Aperçu rétrospectif du mobile auquel obéissaient les propriétaires des États politiques. — En quoi l'intérêt des classes assujetties s'accordait avec celui de la classe propriétaire de l'Etat, — en quoi il en différait. — Le taux fiscal et la barrière qu'il opposait à l'avidité des propriétaires des États. — Que si l'intérêt immédiat des producteurs de sécurité était en opposition immédiate avec celui des consommateurs, ces deux intérêts s'accordaient dans le temps. — Différence caractéristique de l'ancien régime de la production de la sécurité et de celui des autres branches d'industrie. — Qu'il n'existait aucune relation entre les charges imposées aux sujets et la rétribution des services qui leur étaient fournis. — Que ces services étaient de deux sortes. — Pourquoi les propriétaires d'États s'occupaient de préférence de ceux qui concernaient la conservation et l'extension de leur domination. — Causes qui agissaient pour nécessiter la réforme de ce régime. — Comment se posait le problème à résoudre. — Ignorance des données de ce problème à l'époque de la Révolution. — Les deux formes générales de gouvernement du nouveau régime des États politiques.

Si l'on veut se rendre compte des difficultés que présentait la transformation de l'ancien régime, il faut avoir présent à la pensée le mobile auquel obéissait la société d'hommes forts qui avait fondé l'État et qui le gouvernait. Ce mobile était le même que celui qui détermine la création de toutes les entreprises et la conduite de ceux qui les possèdent et les dirigent : c'est l'intérêt. L'entreprise de la fondation d'un État consistait dans la conquête d'un territoire, l'assujettissement et l'exploitation de sa population, en vue du profit que cette sorte d'entreprise pouvait procurer. L'État fondé, il s'agissait avant tout de s'en assurer la conservation, ensuite d'en tirer le plus grand profit possible. On ne pouvait le conserver qu'à la condition d'entretenir, d'une manière permanente, un organisme de combat assez puissant pour maintenir dans l'obéissance la population assujettie et pour repouser les agressions des autres sociétés d'hommes forts qui vivaient de pillage ou qui entreprenaient d'agrandir leurs États aux dépens de ceux d'autrui. On pouvait augmenter les profits de l'entreprise par deux procédés : par l'agrandissement du territoire, et l'accroissement du nombre des sujets exploitables qui en était la conséquence, ou par l'augmentation du rendement qu'on tirait d'eux sous forme de corvées, de redevances ou d'impôts.

L'intérêt des propriétaires de l'État s'accordait-il ou non avec celui de leurs sujets? Telle est la première question qui se présente dans l'étude des caractères économiques de ce régime.

L'infériorité physique des sujets fournit la réponse

à cette question. La conquête de leur territoire et leur assujettissement attestaient qu'ils n'étaient pas assez forts pour sauvegarder eux-mêmes leur vie et leurs moyens de subsistance. Ce service de sécurité qu'ils étaient impuissants à produire, ils étaient donc intéressés à le recevoir d'une société d'hommes plus forts et plus capables de les protéger. Ils l'étaient encore à ce que cette société tutélaire conservât et augmentât même sa puissance, de manière à les préserver plus sûrement du risque des invasions, du massacre et du pillage ou de l'assujettissement à des conquérants moins civilisés, plus grossiers et plus avides que ceux auxquels ils étaient assujettis. Sur ce point essentiel leur intérêt s'accordait avec celui de leurs maîtres. En revanche, ce service de sécurité qui leur était rendu, ils étaient intéressés, — et sur ce point il y avait une opposition immédiate entre les deux intérêts en présence, — à le payer comme tout autre service, au prix le plus bas possible.

Mais comme et parce qu'ils étaient les moins forts, ils devaient subir les conditions et supporter les charges qu'il plaisait à leurs maitres de leur imposer. C'était le maître qui fixait le prix de la protection qu'il accordait à ses sujets, et il était naturellement porté, comme tout autre producteur de produits ou de services, à le fixer au taux le plus élevé possible, c'est-à-dire à la totalité du produit net de la population assujettie, en ne laissant à celle-ci que le minimum indispensable à son entretien et à sa reproduction.

Seulement, l'intérêt permanent de l'association des maîtres de l'État tempérait cet intérêt immédiat du producteur de services vis-à-vis du consommateur. Si cette association propriétaire à perpétuité de l'État était intéressée à tirer le plus grand profit possible de l'exploitation de ses sujets, elle ne l'était pas moins à ne pas épuiser leurs forces productives; elle l'était, au contraire, à les accroître, et par conséquent à ne pas élever les impôts, corvées et redevances qui lui fournissaient son revenu, à un taux excessif. Elle était intéressée à ne pas dépasser ce qu'on a appelé plus tard le taux fiscal, c'est-à-dire un taux qui porte le rendement à son plus haut point sans en provoquer la diminution par l'affaiblissement des facultés productives qui en sont la source. Le taux fiscal n'était pas la mesure du prix réel du service, il pouvait s'élever et il s'éleva même d'ordinaire plus haut lorsque la productivité de l'industrie des sujets vint à s'accroître grâce à la sécurité dont ils jouissaient, mais, du moins, il opposait un frein à l'avidité inconsciente des maîtres et à leur pouvoir discrétionnaire.

En résumé donc, si l'intérêt immédiat des propriétaires de l'État était en opposition avec celui de leurs sujets, l'intérêt permanent des uns et des autres s'accordait, les sujets étant intéressés à la conservation et à l'accroissement de la puissance de leurs maitres, car elle les préservait des invasions et des maux qu'elles entrainaient; les maitres étant intéressés à la conservation et à l'accroissement des forces productives de leurs sujets, car elles leur fournissaient, avec les ressources nécessaires à la défense et à l'agrandissement de l'État, leurs moyens de subsistance.

Mais voici un trait qui caractérisait cet ancien régime de production de la sécurité et qui différenciait les entreprises politiques des entreprises industrielles et commerciales, c'est qu'il n'existait aucune relation entre les corvées, impôts et redevances, que les propriétaires d'un État exigeaient de leurs sujets, et les services qu'ils leur rendaient. Ces corvées, impôts et redevances, ils les commandaient en leur qualité de propriétaires comme ils commandaient le travail de leurs bêtes de somme, sans se croire obligés de fournir aucun service en échange. Ils protégeaient leurs sujets et veillaient à leur conservation comme à celle de leur bétail; mais, comme on va le voir, uniquement en vue de leur propre intérêt et dans la mesure de cet intérêt.

La protection de la population assujettie comportait deux sortes de services : services de tutelle et de sécurité intérieure, services de sécurité extérieure. Or, quoique les premiers ne lui fussent pas moins nécessaires que les seconds, les maîtres de l'État ne leur attribuaient qu'une importance tout à fait secondaire; ils se préoccupaient beaucoup moins de préserver la vie et les biens de leurs sujets contre toute atteinte à l'intérieur de l'État que de protéger leur territoire contre une invasion du dehors. C'est que l'invasion et la perte d'une portion quelconque de leur domaine territorial leur causait une diminution sensible de revenus et de puissance, tandis que les sévices dont leurs sujets étaient individuellement victimes, le meurtre, le vol, etc., ne leur causaient en comparaison qu'un dommage insignifiant[1]. Tandis qu'ils s'appliquaient incessamment à augmenter leur puissance défensive et offensive en perfectionnant leurs institutions militaires, et ne marchandaient point la dépense de ce côté, ils n'apportaient que peu d'attention et n'accordaient que de faibles allocations aux services de la justice et de la police. Encore s'en occupaient-ils principalement sinon exclusivement au point de vue de leur propre sécurité. Les atteintes les plus graves à la vie et à la propriété des sujets n'étaient que légèrement punies, tandis que les moindres offenses aux maîtres de l'État, étaient réprimées avec une inexorable rigueur, et la police était surtout employée à rechercher les auteurs des infrac-

[1] APPENDICE. Note C. L'insuffisance de la sécurité intérieure.

tions aux lois qui avaient pour objet spécial d'assurer la soumission de la population assujettie. Des bandes de voleurs et de brigands pouvaient exercer en paix leur industrie, parfois même avec la connivence d'une police insuffisamment rétribuée, dans des États en possession d'une armée formidable. C'est que les maîtres de l'État n'envisageaient dans l'établissement et la mise en œuvre de leurs services que leur propre intérêt sans s'inquiéter de celui de leurs sujets. Ceux-là seulement qui comprenaient que la sécurité des sujets était un élément nécessaire de la prospérité de l'État ou qui avaient quelque idée confuse de l'obligation morale qu'ils avaient contractée envers eux, ceux-là seulement s'occupaient des services de la justice et de la police autrement que dans l'intérêt de leur domination.

Mais dans l'esprit de la généralité des propriétaires de l'État, il n'existait pas plus de liaison entre les charges qu'ils imposaient à leurs sujets et les services qu'ils leur rendaient, qu'entre le travail auquel ils soumettaient leurs bêtes de somme, la nourriture et l'entretien qu'ils leur fournissaient. C'était dans son intérêt et non dans le leur que le propriétaire d'un troupeau de bœufs ou de moutons faisait les frais de leur nourriture et de leur entretien. C'était de même dans son intérêt que la société propriétaire de l'État pourvoyait à la protection et à la sécurité de ses sujets. Et le tribut qu'elle exigeait d'eux, sous des formes variées, ne se mesurait point aux services qu'elle leur rendait, mais à leur capacité de le fournir.

Malgré sa grossière imperfection, ce régime de production de la sécurité, fondé sur l'appropriation des faibles par les plus forts, avait été le seul possible. Intéressés d'abord à dépouiller les faibles et en faire leur proie, les forts en se les appropriant avaient été intéressés à les protéger. Cet intérêt était même porté au plus haut point, puisque les sociétés d'hommes forts qui avaient fondé des États en s'emparant d'un territoire et en asservissant sa population, en tiraient leurs moyens d'existence. Aussi longtemps que subsistèrent les risques de subversion du monde civilisé par des invasions de Barbares et que, d'une autre part, la productivité des industries auxquelles étaient vouées les populations assujetties demeura faible, on ne saurait dire que la part que s'attribuait l'association des propriétaires de l'État dans le produit du travail de ses sujets dépassât les frais de production du service de la sécurité, avec adjonction du profit nécesssaire. Mais ces risques allèrent s'affaiblissant sous l'influence des progrès du matériel et de l'art de destruction, tandis que la productivité du travail allait s'accroissant sous l'influence des progrès des arts de la production. Alors, un moment devait arriver où les impôts et redevances que la société maitresse de l'État prélevait sur ses sujets, en usant de son pouvoir de propriétaire, dépasseraient la valeur du service qu'elle leur rendait, et où l'écart entre le prix et la valeur de ce service irait grandissant. Il devenait donc nécessaire de réformer ce régime, et cette nécessité était chaque jour plus vivement sentie.

Le problème à résoudre consistait d'une part à établir une relation directe, qui n'existait point, entre le service et sa rétribution; d'une autre part à obliger les sociétés productrices de ce service à en réduire le prix au niveau des moindres frais de production et du profit nécessaire, tout en les intéressant à en améliorer la qualité.

Ce problème, nous savons comment il a été résolu pour la généralité des autres produits et services, et nous entrevoyons comment il pourra l'être pour ceux qui sont du ressort de l'État; mais on n'en avait aucune idée à l'époque où éclata la Révolution française. Les uns voulaient faire consister la réforme dans la limitation du pouvoir du souverain et dans la modification plus ou moins profonde des institutions civiles, militaires et fiscales, les autres dans la dépossession de la classe gouvernante et dans l'institution d'un gouvernement républicain fondé sur la souveraineté de la nation.

Ce sont ces deux formes de gouvernement — la monarchie constitutionnelle et parlementaire et la république qui prévalent aujourd'hui chez les nations civilisées. Voyons quelles sont les différences qui séparent ce nouveau régime de l'ancien et quelle influence ces différences exercent sur la question de la paix ou de la guerre.

CHAPITRE III

LES CHANGEMENTS OPÉRÉS DANS LA CONSTITUTION DES ÉTATS DEPUIS LA FIN DU XVIIIe SIÈCLE

En quoi le nouveau régime diffère de l'ancien. — L'appropriation de l'État à la nation. — Droits qui en dérivent. — Déclarations et constitutions qui proclament ces droits. — Les deux objectifs visés par les constitutions. — Les droits et les garanties des gouvernés. — Que les constitutions ont effacé à cet égard la distinction entre les classes gouvernantes et les classes gouvernées. — Qu'elles ont établi un lien théorique entre les services de l'État et les charges qui servent à les rétribuer, et déclaré que les charges doivent être proportionnées aux services et réduites au strict nécessaire, mais qu'elles ont laissé subsister l'ancien système d'impôts. — Pourquoi ce double objectif n'a pas été atteint.

Qu'une nation peut posséder son État, mais non le gouverner. — Que l'État est resté, sous le nouveau régime, ce qu'il était sous l'ancien : une entreprise, et qu'il doit être constitué et gouverné comme une entreprise. — Comment le gouvernement a été organisé dans les États modernes. — Les partis politiques qui ont surgi sous le nouveau régime, quoique les constitutions n'aient pas prévu leur existence. — Qu'ils ont pour objectif la conquête de l'Etat et les bénéfices qu'elle procure. — Qu'ils sont organisés comme des armées. — Conditions auxquelles ils peuvent obtenir la victoire. — Le corps électoral et les mobiles auxquels obéissent les catégories sociales qui le constituent. — Que chaque catégorie obéit à son intérêt particulier et immédiat, quand même cet intérêt est en opposition avec l'intérêt général et permanent de la nation. — Que chaque catégorie est représentée par un parti qu'elle oblige à servir son intérêt particulier. — Que les partis ont, en outre, un intérêt commun, qui consiste à augmenter les attributions de l'État et les excite à étendre sa domination.

En quoi le nouveau régime diffère-t-il de l'ancien et quelle influence les traits parlesquels il s'en différencie peuvent-ils exercer sur la solution de la question de la paix ou de la guerre? Voilà ce qu'il s'agit maintenant d'examiner.

Le caractère essentiel de l'ancien régime, c'était, comme nous l'avons vu, l'appropriation de l'État à une société d'hommes forts, dont les pouvoirs avaient fini par se concentrer dans une maison ou une oligarchie, qui le gouvernait ou pour mieux dire qui avait la mission et le devoir de le gouverner dans l'intérêt général et permanent de cette société propriétaire de l'État. Le changement que les réformes ou les révolutions politiques ont accompli en Angleterre, dans les Pays-Bas, dans les colonies de l'Amérique du Nord, en France, et plus tard, dans la presque totalité des États civilisés, a consisté à attribuer à la nation dans les monarchies constitutionnelles un droit de co-propriété, à la vérité non défini, de l'État, dans les républiques, un droit de propriété complet, et, comme conséquence, le droit souverain de gouverner l'État conformément à l'intérêt général et permanent de la nation. Ce changement de régime a été consigné dans des bills ou des déclarations de droits et dans des constitutions accordées par l'ancien souverain ou rédigées et votées par les délégués de la nation devenue souveraine. Les constitutions, qu'elles se soient formées successivement sans avoir été codifiées dans un acte spécial, comme la constitution britannique, ou qu'elles aient été improvisées la suite d'une révolution comme la plupart de celles des autres États, comprennent deux parties bien distinctes, l'une concernant les droits et les garanties des gouvernés, l'autre l'organisation du gouvernement.

Dans le cours des siècles, à mesure que le péril de destruction qui menaçait les nations en voie de civilisation s'était affaibli et que la condition matérielle et morale des classes assujetties s'était améliorée, elles avaient obtenu des garanties de diverses sortes contre l'abus du pouvoir des maîtres de l'État. Des coutumes s'étaient établies qui limitaient notamment le taux des redevances et des charges auxquelles elles étaient soumises; des droits concernant l'exercice de leur activité et la propriété de ses fruits leur avaient été concédés et garantis sous forme de privilèges. Ces droits et ces garanties, les constitutions les généralisèrent et les complétèrent, en effaçant les distinctions entre la classe des propriétaires de l'État et les classes assujetties. Cependant, l'ancien système des impôts fut partout conservé : en France par exemple, on le rétablit presque intégralement, en se bornant à en changer les dénominations après avoir vainement entrepris de l'abolir [1] ; mais tandis qu'il n'existait sous l'ancien régime aucun lien entre les charges que les propriétaires de l'État imposaient à leurs sujets et les services qu'ils leur rendaient, les constitutions établirent ce lien, sinon en fait du moins en théorie. L'impôt ne devait plus être désormais une dîme prélevée sur les sujets, en vertu du pouvoir discrétionnaire et souverain de leurs maîtres et n'ayant pour limite que leur capacité de la fournir ; il devait être la rétribution des services de l'État, et chacun devait y contribuer dans la mesure des biens qu'il possédait et que l'État avait pour mission de sauvegarder contre toute agression intérieure ou extérieure. Ce n'était plus un impôt, c'était une contribution. Enfin, la nation maintenant propriétaire de l'État était intéressée à rendre ses services aussi efficaces que possible et à en réduire les frais au taux le plus bas, en avisant aux moyens les plus propres d'obtenir ce double résultat.

Mais la nation ne pouvait gouverner elle-même son établissement politique. La nature des choses s'y

[1] APPENDICE. Note D. Le rétablissement et le démarquage des impôts de l'ancien régime en France.

opposait. Sous le nouveau régime comme sous l'ancien, l'État restait une entreprise, et la plus importante de toutes. L'État employait un personnel nombreux, civil et militaire, préposé aux fonctions que comportait sa nature et son objet, la sécurité intérieure et extérieure, sans parler des services accessoires qui pouvaient à tort ou à raison lui être confiés plutôt qu'à d'autres entreprises. Comme les actionnaires d'une société industrielle, la multitude des membres d'une nation devenue, entièrement ou partiellement, propriétaire de l'État, ne pouvait le gérer et le gouverner que par des délégués. On sait comment les constitutions ont pourvu à cette nécessité. Elles ont conféré à un corps électoral, composé d'une portion plus ou moins considérable de la nation, le droit d'élire les délégués au gouvernement de l'État. Ceux-ci ont, de concert avec le chef de l'ancienne maison gouvernante ou d'une nouvelle dont ils faisaient choix dans les monarchies, et, en vertu de la pleine souveraineté qui leur était déléguée dans les républiques, constitué le pouvoir dirigeant, mais en lui imposant, sous peine de déchéance, l'obligation de se conformer dans tous ses actes à la volonté de la majorité de leur délégation ; cette majorité représentant celle du corps électoral, et celle-ci, la majorité de la nation, les unes et les autres supposées les plus capables de gouverner l'État conformément à l'intérêt général et permanent de la nation. Tel est, dans ses traits essentiels, le mécanisme du gouvernement de la généralité des États modernes.

Ce mécanisme, les réformateurs ou les révolutionnaires qui ont institué le nouveau régime étaient convaincus qu'il atteindrait pleinement son but. L'expérience a malheureusement démontré qu'ils lui attribuaient une efficacité qu'il n'avait pas. Si la qualité des services des gouvernements s'est améliorée dans quelque mesure, — encore cette amélioration n'a-t-elle pas été générale — le prix dont les nations les paient s'est élevé dans une proportion bien supérieure à l'élévation de leur qualité, et, pour nous en tenir à l'objet spécial de cette étude, au lieu d'assurer la paix entre les peuples civilisés, à une époque où elle est devenue possible et nécessaire, les gouvernements ont prolongé et menacent même de perpétuer l'état de guerre.

Si nous examinons les causes de ce double échec, nous trouverons que la première réside dans l'importance de l'État, dans le pouvoir et les avantages qu'il est dans sa nature de procurer à ceux qui en ont la gestion. C'est par millions que se comptent ses fonctionnaires dans les grands États, c'est par milliards que se chiffre son budget. Cela étant, le gouvernement de cette entreprise colossale, du moment où il est devenu accessible à tous les membres de la nation, a été l'objet de l'ambition de tous ceux qui croyaient avoir des chances suffisantes d'y atteindre. Ils ont formé dans ce but des associations que l'on a désignées sous le nom de partis politiques et qui ne diffèrent de celles des conquérants primitifs que par les procédés dont elles font usage pour arriver à leur but, savoir : la conquête, l'occupation et l'exploitation de l'État. Comment s'organisent-elles et procèdent-elles?

Pas plus que le but qu'elles poursuivent, leur organisation ne diffère de celle des anciennes sociétés conquérantes. Ce sont de véritables armées qui sont commandées par un chef ou un comité de chefs avec un état-major et des soldats; leur but c'est la conquête de l'État en vue des moyens d'existence et de la situation supérieure que peuvent leur procurer les fonctions publiques. Comme l'avouait cyniquement aux États-Unis, un chef de parti, le général Jackson, les fonctions publiques constituent le butin du vainqueur. Seulement, à la différence des anciennes sociétés conquérantes, ce but intéressé que poursuivent les partis politiques, ils le dissimulent avec soin : s'ils veulent s'emparer du pouvoir ou le conserver quand ils l'ont conquis, si, dans les luttes qu'ils soutiennent contre les partis concurrents, ils ont recours à la violence, à la ruse, à la corruption, c'est parce que la nation est intéressée à leur victoire, et que sa prospérité ou même son existence en dépend; c'est parce que le triomphe de leurs concurrents aurait pour elle les conséquences les plus funestes. C'est pour la préserver de ce péril qu'ils luttent et sacrifient, au besoin, sans hésiter leurs intérêts à ceux de la patrie. D'habitude, ils affichent un programme renfermant les promesses les plus séduisantes, et en particulier celle d'une amélioration radicale des services de l'État, en même temps qu'une diminution sensible des impôts qui servent à les rétribuer. Quelquefois ces promesses sont sincères, mais il ne dépend pas d'eux de les tenir. Quand la victoire est remportée, quand l'État est tombé entre les mains de l'armée conquérante, il faut bien en rétribuer les chefs et les soldats. Au lieu donc d'améliorer les services, on multiplie les emplois [1], au lieu de diminuer les charges publiques on les augmente. Cette hypocrisie qui caractérise la conduite des partis politiques des États modernes leur est commandée par les conditions même de la lutte. Les anciennes sociétés conquérantes n'avaient pas besoin d'y recourir parce qu'elles n'avaient point à compter avec l'opinion de la multitude assujettie. Il en est autrement dans les pays où les sujets d'autrefois sont devenus les pro-

[1] APPENDICE. — Note E. Le fonctionnarisme en France.

priétaires de l'État, où, en vertu de la constitution, ils exercent un droit souverain attaché à cette propriété comme à toute autre, celui de choisir les mandataires chargés de la gérer en leur nom et pour leur compte. C'est du vote du corps électoral que dépend l'issue de la lutte entre le parti en possession du gouvernement de l'État et les partis concurrents qui s'efforcent de le lui enlever. C'est la majorité du corps électoral qu'il s'agit de conquérir pour remporter la victoire. C'est donc aux intérêts et aux passions des éléments prépondérants du corps électoral qu'il faut s'adresser.

Si l'on veut se rendre compte des mobiles qui déterminent le choix des mandataires chargés de gouverner l'État dans un pays constitutionnel, il faut considérer d'abord l'état intellectuel et moral de la nation, ensuite la composition du corps électoral.

Comme les individus dont elles se composent, les nations sont essentiellement inégales en capacité intellectuelle et morale. Mais, même dans celles qui occupent les échelons supérieurs de l'intelligence et de la moralité, la capacité qui dépasse la connaissance de l'intérêt particulier de l'individu, de sa famille et de son industrie, pour s'étendre à celle de l'intérêt de la nation, et à plus forte raison de l'humanité, ne se rencontre que rarement et elle est, plus rarement encore, accompagnée d'un sentiment moral qui agisse pour subordonner l'intérêt particulier et actuel de l'individu à l'intérêt général et permanent de la communauté. Or, comme nous l'avons remarqué, toute société se compose de catégories ou de classes dont les intérêts sont immédiatement opposés bien qu'ils s'accordent dans le cours du temps. En Europe, la classe aristocratique et propriétaire issue de la conquête, qui est demeurée jusqu'à la fin du XVIIIe siècle en possession du monopole presque exclusif des fonctions gouvernantes, civiles et militaires, était immédiatement intéressée à des annexions territoriales qui agrandissaient son débouché. Elle recourait à la guerre pour satisfaire cet intérêt immédiat sans rechercher si les bénéfices qu'elle retirait d'un agrandissement de territoire compensaient ou non les charges et les dommages croissants que la guerre infligeait à la nation, et sans se demander si ces charges et ces dommages ne devaient point à la longue déterminer la décadence de l'Etat et par conséquent la sienne. Quoiqu'elle ait perdu aujourd'hui sa situation privilégiée, elle possède encore une part plus ou moins considérable des fonctions supérieures, civiles et surtout militaires, et son intérêt particulier et immédiat l'incline à la continuation d'un état de guerre devenu cependant de plus en plus contraire à l'intérêt général. De même, la classe des entrepreneurs d'industrie a des intérêts immédiatement opposés, d'une part, à ceux des consommateurs, d'une autre part, à ceux des ouvriers. Elle est intéressée à élever le prix des produits qu'elle vend aux uns et à abaisser le prix du travail qu'elle loue aux autres. Cependant, à considérer son intérêt dans le cours du temps, il s'accorde avec celui des consommateurs et des ouvriers, en ce que l'appauvrissement de ceux-là et l'affaiblissement des facultés productives de ceux-ci ne peut manquer d'entraîner sa propre ruine. Sous l'excitation de son intérêt immédiat, elle n'en a pas moins employé partout son influence à édifier un double système de protection contre les consommateurs et les ouvriers, qui n'est, comme nous le verrons plus loin, autre chose qu'une forme de l'état de guerre. De même enfin, la classe ouvrière qui tire ses moyens d'existence de la location de son travail est immédiatement intéressée à employer son influence à faire prévaloir quelque système qui augmente sa part dans les résultats de la production, au détriment de la classe des entrepreneurs et des capitalistes leurs commanditaires.

En résumé donc, chez le plus grand nombre, pour ne pas dire chez la presque généralité des individus qui constituent les différentes classes entre lesquelles se partage une nation, la considération de l'intérêt particulier et immédiat l'emportant sur celle de l'intérêt général et permanent de la communauté, chacune de ces classes ou de ces catégories d'individus est naturellement inclinée à accorder son appui au parti qui lui promet de mettre la puissance de l'organisme de l'État à son service pour faire prévaloir son intérêt sur ceux des autres classes de la communauté, avec lesquels il se trouve en opposition.

Cela étant, la composition du corps électoral a une importance facilement appréciable. S'il se recrute seulement dans la classe supérieure et moyenne, les partis qui se disputent la possession du gouvernement seront exclusivement les serviteurs des intérêts particuliers et immédiats de cette classe ; s'il descend dans la multitude, un parti se créera pour servir de même ses intérêts en échange de son vote.

Mais si divergents ou opposés que soient les intérêts dont ils sont les organes, les partis n'en ont pas moins un intérêt commun, c'est d'augmenter le volume et l'importance de cette entreprise dont ils se disputent la possession, et qui fournit à ceux qui la possèdent, à leurs tenants et aboutissants, des moyens d'existence faciles et une influence que ne confèrent pas les autres entreprises. Dans tous les États modernes, sauf dans le petit nombre de ceux où l'ancien régime a continué de subsister, il s'est formé une nouvelle classe gouvernante et qui tend même, comme celle qu'elle a remplacée, à devenir héréditaire : c'est la classe des politiciens. Or, qu'ils soient conservateurs, libéraux, radicaux ou socialistes, les politiciens tirent leurs moyens d'existence ou aspirent à les tirer du budget de l'État. Ils sont, suivant une expression pittoresque, des mangeurs de taxes. Quand même donc les nécessités de la lutte pour la conquête de l'État ne les obligeraient point à augmenter le butin destiné à rétribuer les services électoraux, ils seraient intéressés à développer l'entreprise qui leur sert de débouché, et cet intérêt devient plus pressant à mesure que leur population s'accroît, soit par la natalité, soit par l'afflux des recrues que l'instruction distribuée par l'État rend incapables d'exercer toute autre profession ou industrie. Mais le débouché de l'État ne peut s'augmenter que de deux manières : par l'extension de ses fonctions aux dépens des autres entreprises, ou par l'agrandissement de son domaine territorial, autrement dit, par la guerre. Selon les circonstances, la classe gouvernante a recours à l'un ou à l'autre de ces deux procédés, en obéissant en cela à son intérêt particulier et immédiat, sans rechercher plus que ne le font les autres catégories sociales s'il s'accorde ou non avec l'intérêt général et permanent de la nation.

Que conclure de là, sinon que le nouveau régime de gouvernement des États n'est pas plus favorable à l'établissement de la paix que ne l'était l'ancien. Au fond, ces deux régimes diffèrent moins, même dans les pays où ils semblent le plus distants, que ne le supposent les théoriciens politiques. Nous en aurons la preuve en passant en revue les gouvernements des principaux États civilisés, et nous pourrons, en analysant les intérêts qui y prédominent, nous expliquer pourquoi la guerre a subsisté et menacé de subsister longtemps encore après avoir perdu sa raison d'être.

CHAPITRE IV

LES INTÉRÊTS QUI DÉTERMINENT LA POLITIQUE PACIFIQUE OU BELLIQUEUSE DES GOUVERNEMENTS DES PRINCIPAUX ÉTATS MODERNES

Aperçu des institutions politiques des États civilisés, au point de vue de la question de la paix ou de la guerre. — Les intérêts prédominants dans l'organisation politique de la Russie. — Qu'ils sont plutôt belliqueux que pacifiques. — L'Allemagne. Causes qui y maintiennent la prépondérance de l'élément militaire : le danger du socialisme, la question de l'Alsace-Lorraine. — L'Angleterre. Circonstances qui ont favorisé le progrès de ses institutions. — Recrudescence du pouvoir de son aristocratie, déterminée par la Révolution française. — Tendances pacifiques de ses classes industrieuses. — Recul qu'elles ont subi depuis la guerre de 1870. — Nécessités de défense qu'impose à l'Angleterre le militarisme continental. — La France et ses révolutions politiques. — Garanties pacifiques résultant de la forme actuelle de son gouvernement. — Les deux catégories de républiques américaines. — Que dans l'ensemble du monde civilisé, la multitude vouée aux industries productives est intéressée à la paix, mais qu'elle ne possède nulle part le pouvoir de la maintenir.

Si nous étudions, au point de vue de la question de la paix ou de la guerre, l'État dont la constitution politique est demeurée la plus approchante de celle des

États de l'ancien régime, la Russie, nous y trouverons une « maison » souveraine appuyée sur un corps de fonctionnaires militaires et civils recrutés dans une classe dite « civilisée », relativement peu nombreuse, au-dessous de laquelle gît une multitude de paysans et d'ouvriers, à peine affranchis de la servitude et qui n'exercent aucune influence appréciable. De quoi se compose la classe civilisée, dont l'opinion dirige beaucoup plus que la volonté particulière du souverain, nominalement, « autocrate », la politique du gouvernement? En grande majorité, de familles qui ont pour débouché les fonctions publiques et vivent aux dépens du budget; une simple minorité seulement constitue l'état-major des propriétaires et du personnel dirigeant des entreprises financières, industrielles et commerciales. Si l'on n'oublie pas que les opinions sont, sauf de rares exceptions, déterminées par des intérêts particuliers et à courte vue, on s'apercevra que l'état politique actuel de la Russie ne présente que de faibles garanties de paix. En effet, la nombreuse catégorie des fonctionnaires militaires, composée des officiers de tous grades, est immédiatement intéressée à la guerre. La profession des armes qui constitue son industrie et lui fournit ses moyens d'existence ne lui procure, en temps de paix, sauf dans les échelons supérieurs de la hiérarchie, que de minces profits. Ces profits, tant matériels que moraux, la guerre les augmente, en élevant la solde pendant la campagne et en accroissant la chance d'obtenir de l'avancement et des distinctions honorifiques. Les fonctionnaires civils, tout en demeurant assurés de la conservation de leurs appointements, acquièrent sur leurs administrés, dans le tumulte de la guerre, un pouvoir discrétionnaire ; enfin, si la guerre est heureuse, elle leur ouvre un surcroît de débouché dans le pays conquis. Quant à la minorité des propriétaires et du personnel dirigeant des entreprises de production, ses intérêts ne sont pas sensiblement atteints par la guerre, dans un pays comme la Russie, dont le commerce extérieur, enrayé par le protectionnisme, n'a acquis encore qu'un faible développement. La guerre ouvre même à un grand nombre d'industries qui fournissent le matériel et les approvisionnements des armées, sans oublier les capitaux, un débouché supplémentaire : si elle augmente finalement leurs charges, elle leur procure un surcroît de bénéfices actuels qui exerce, sur l'opinion des industriels et des financiers, une influence belliqueuse bien autrement active que l'action pacifiante de la prévision d'un accroissement de charges futures.

Mais la Russie est restée seule en Europe — car la Turquie est plutôt asiatique, — un État d'ancien régime. La plus grande partie des États de notre continent ont successivement adopté le régime de la monarchie constitutionnelle. Quoique ce régime diffère d'un pays à un autre, il a des caractères essentiels qui lui sont communs. De même que sous l'ancien régime, l'État appartient, au moins nominalement, au chef héréditaire de la maison souveraine. Mais cette propriété qui était entière, illimitée en droit, sinon en fait, à l'époque où Louis XIV pouvait dire : « l'État, c'est moi », est actuellement limitée par divers côtés, même dans les États politiquement les plus arriérés, et, dans les autres, elle est subordonnée au Droit supérieur de la nation. En premier lieu, le chef de la maison souveraine a perdu le droit de partager son domaine politique entre ses enfants et même d'en échanger ou d'en céder une partie, à moins d'y être contraint par la force; il est tenu de le léguer intact à son héritier. En second lieu, il ne puise plus dans les revenus de l'État une part discrétionnaire pour subvenir a ses dépenses et à celles des membres de sa famille; il lui est alloué une liste civile et des dotations qui constituent des appointements fixes comme ceux des autres fonctionnaires publics. Il gouverne l'État avec le concours d'un Parlement, généralement partagé en deux chambres. C'est le Parlement qui vote les lois et le budget des recettes et des dépenses. Déchargé de toute responsabilité dans la gestion intérieure et extérieure des affaires publiques, le chef de l'État, roi ou empereur constitutionnel, ne peut agir que par l'intermédiaire d'un ministère responsable qu'il nomme mais qu'il est tenu de choisir dans la majorité du Parlement. En fait, il possède une part plus ou moins considérable d'influence sur la direction des affaires de l'État, mais cette direction n'appartient pas moins aux membres du Parlement qui représente ou est censé représenter la nation consommatrice des services publics. Tel est, dans ses traits généraux, le mécanisme de la monarchie, dite constitutionnelle.

Mais, dans les monarchies constitutionnelles actuellement existantes, nous trouverons des différences plus ou moins marquées, selon le degré d'importance et d'influence des différentes classes de la population. Dans la plus puissante de toutes, l'Allemagne, c'est une aristocratie qui possède la plus grande partie du sol et qui occupe la presque généralité des emplois supérieurs de la hiérarchie militaire, et la plupart des emplois supérieurs de la hiérarchie civile. A ce double titre, elle jouit d'une influence hors de toute proportion avec son importance numérique. A la vérité, en Allemagne, l'industrie et le commerce bien autrement développés qu'en Russie, ont créé une classe moyenne, nombreuse et éclairée, au-dessous de laquelle les progrès qui ont pour ainsi dire intectualisé le travail de la grande industrie ont fait apparaître une aristocratie ouvrière, dont l'intelligence commence à s'ouvrir aux questions d'intérêt général. Le suffrage, devenu presque universel, confère à ces deux classes, de plus en plus nombreuses, le pouvoir d'intervenir avec une certaine efficacité dans le gouvernement des États allemands. Malheureusement, l'action pacifique qu'elles pourraient exercer, en cas de conflit avec l'étranger, est amoindrie sinon annulée sous l'influence de deux causes : d'abord, l'antagonisme d'intérêts demeuré jusqu'à présent sans solution entre la classe des entrepreneurs et de leurs commanditaires capitalistes, et la classe ouvrière; ensuite, la situation critique qu'a faite à l'Allemagne, la conquête de l'Alsace-Lorraine. Contre le socialisme qui va se propageant rapidement dans la classe ouvrière la bourgeoisie industrielle et financière cherche naturellement une sauvegarde dans l'armée dont l'Empereur est le chef et à laquelle l'aristocratie terrienne et militaire fournit sa hiérarchie. Cette même sauvegarde, la bourgeoisie et la classe ouvrière, socialiste ou non, la demandent contre une revanche toujours imminente des vaincus de 1870. De là, la puissance presque dictatoriale de l'Empereur, maître de la force organisée qui garantit la sécurité de la nation, menacée par l'état de guerre latent entre la bourgeoisie et la classe ouvrière, d'une part, entre les vainqueurs et les vaincus de 1870 de l'autre. Sans doute, l'Empereur est obligé de compter avec les intérêts pacifiques de la grande majorité de ses sujets, mais, en attendant, peut-on lui refuser les ressources nécessaires pour soutenir une guerre défensive, et même pour prendre l'offensive s'il la juge indispensable à la sécurité future de la nation ?

L'Angleterre nous offre un type différent et presque opposé de monarchie constitutionnelle. Après la conquête normande, la nécessité de concentrer les pouvoirs de la classe en possession de l'État a été moins pressante qu'elle ne l'était dans les États continentaux, le domaine des conquérants étant naturellement protégé par la mer. Le chef héréditaire de l'armée conquérante a été obligé de concéder à ses compagnons et, plus tard, à l'élite influente des classes assujetties, des garanties contre l'abus de son pouvoir souverain. Un parlement issu de l'aristocratie et de la bourgeoisie a été investi du droit de consentir l'impôt et la loi. Cependant, jusque vers le milieu de ce siècle, l'aristocratie en possession de la plus grande partie du sol a partagé, presque seule, avec le chef de la maison souveraine, le gouvernement de l'État. Elle occupait les fonctions supérieures de l'État et de l'Église, et des coutumes plus fortes encore que les lois lui interdisaient la pratique de l'industrie et du commerce. Son intérêt particulier et immédiat, d'accord cette fois, dans quelque mesure, avec l'intérêt général et permanent de la nation, l'excitait à étendre au dehors la domination de celle-ci. Après avoir perdu ses possessions continentales, l'Angleterre chercha une compensation dans la conquête du nouveau monde que les découvertes du XVe et du XVIe siècle avaient ouvert, et elle s'y tailla un immense domaine. Grâce à ces débouchés que la classe gouvernante ouvrait à l'industrie des autres classes de la nation en même temps qu'à la sienne, grâce surtout à la sécurité exceptionnelle que sa situation insulaire procurait à la Grande-Bretagne, les différentes branches de la production y reçurent une vive impulsion dans le cours du XVIIIe siècle. Les classes industrieuses, intéressées à la paix, croissaient en nombre, en richesse et en influence, lorsque la sécurité de l'Angleterre, menacée par la France révolutionnaire et impériale, rendit à l'aristocratie politique et militaire sa prépondérance primitive. Ses hommes d'État réussirent à préserver l'Angleterre de ce péril, en organisant et en soldant des coalitions sous l'effort répété desquelles la puissance guerrière et dominatrice issue de la révolution finit par succomber. Il sembla alors que la possession du gouvernement de l'Angleterre dût se perpétuer entre les mains de l'aristocratie. Mais le rétablissement de la paix et l'essor prodigieux de l'industrie, transformée par les applications de la science, allaient déplacer bientôt à son détriment l'axe de la puissance politique. Les réformes économiques et en particulier l'abrogation des lois céréales ont porté un coup sensible à son influence, à la fois en diminuant sa richesse et en augmentant celle des classes qui tirent leurs moyens d'existence de l'industrie et du commerce. Ces classes intéressées à la paix ont obtenu une part croissante dans le gouvernement, et l'Angleterre des Cobden et des Bright est devenue le foyer de la propagande pacifique. Toutefois, on peut constater depuis la guerre franco-allemande un revirement manifeste de l'opinion. L'accroissement continu des armements des puissances continentales a obligé l'Angleterre à augmenter ses moyens de défense et, en particulier, sa marine de guerre. C'est qu'il ne dépend pas d'elle de conserver la paix. L'invasion et la mise en coupe réglée de l'Angleterre est demeurée le rêve favori des militaires et des politiciens continentaux [1]. Au-

[1] Signalons à ce propos le projet d'invasion de l'Angleterre, récemment publié, du capitaine Von Luttwitz, du grand état-major allemand :

« Il faut tout préparer avec méthode, dit-il, et agir sans hésitation. La mobilisation des troupes à débarquer et de la flotte seront poussées le plus activement possible. Aujourd'hui, les vents ne sont plus les meilleures sentinelles de la Grande-Bretagne. La flotte allemande devra profiter de la prépondérance momentanée que lui procurera la dispersion des forces navales anglaises sur toutes les mers du globe. Courant au-devant de la flotte ennemie, elle s'efforcera de lui infliger une défaite décisive, ouvrant aux transports de troupes la route de l'invasion. »

L'auteur de ce projet invite ensuite, gracieusement, la France à participer à la curée :

cune entreprise ne serait, évidemment, plus productive. Le vainqueur ne pourrait sans doute dépouiller brutalement le vaincu à la manière des Vandales, des Franks et des Visigoths. Mais les procédés de spoliation dont usent actuellement les peuples civilisés diffèrent plutôt par la forme que par le fond de ceux de leurs ancêtres barbares. On ne réduit plus les populations en esclavage, on ne les soumet plus à la corvée, mais on leur impose des indemnités de guerre, qui se résolvent en un prélèvement sur le produit annuel du travail de la nation, c'est-à-dire en une corvée collective perçue au profit du vainqueur. En 1871, les Allemands victorieux ont imposé à la France une indemnité de 5 milliards, et leurs hommes d'État ont regretté plus tard de ne l'avoir pas portée au double. L'Angleterre ne pourrait-elle pas fournir une somme quintuple, décuple même, au moyen de paiements annuellement échelonnés, et pourvoir, dans l'intervalle, à l'entretien d'une

« Il serait à désirer, dans l'intérêt de la civilisation, que la France ne se laissât pas leurrer par l'Angleterre, sa véritable ennemie héréditaire, et qu'elle poursuivît une politique d'expansion coloniale plutôt qu'un remaniement à son profit de la carte d'Europe. L'Allemagne ne peut se soustraire aux devoirs que la guerre de 1870-1871 lui a imposés. Elle est, du reste, en droit d'espérer qu'une guerre continentale lui sera épargnée d'ici longtemps. Sa population dépasse de 14 millions celle de la France. Le temps fera son œuvre, et les intérêts naturels des deux pays les amèneront à une alliance contre l'Anglais. »

armée d'occupation de plusieurs centaines de mille hommes? On conçoit donc que l'Angleterre s'impose les sacrifices nécessaires, si lourds qu'ils soient, pour se préserver du péril dont pourrait la menacer quelque jour un émule de Guillaume le Bâtard. Mais l'appréhension de ce péril ne doit-elle pas avoir et n'a-t-elle pas en réalité pour effet de restituer à la classe, au sein de laquelle se recrute surtout la hiérarchie politique et militaire, l'influence qu'elle était en train de perdre, et de faire reculer ainsi, dans le principal foyer des intérêts pacifiques, la cause de la paix?

Les républiques offrent-elles aujourd'hui des garanties de paix plus sûres que les monarchies absolues ou plus ou moins constitutionnelles? Ces garanties dépendent, nous l'avons dit, moins de la forme du gouvernement, quoique celle-ci ne soit pas dénuée d'importance, que de l'état d'avancement de leur industrie, de la nature et de la composition de la population.

En France, la République, issue de la Révolution, a eu des fortunes diverses, et l'on ne saurait dire qu'elle se soit implantée d'une manière définitive. Elle n'a été d'abord que la dictature d'une minorité aussi brutale qu'ignorante et ne s'est imposée que par la terreur. Une dictature impériale appuyée sur l'armée et acceptée par la nation qu'elle débarrassait du jacobinisme lui a succédé, puis sont venues deux monarchies constitutionnelles, la première amenée par l'invasion, la seconde engendrée par une révolution, et, après un court intermède de république, une nouvelle dictature impériale, puis finalement, à la suite d'une invasion et d'une révolution, une troisième république. Sous ces divers régimes, les intérêts pacifiques l'ont certainement emporté en nombre et en valeur sur les intérêts belliqueux et ils l'emportent aujourd'hui plus que jamais. Mais, sous la dictature jacobine et sous la dictature impériale, ils étaient condamnés au silence. Sous les deux monarchies constitutionnelles, ils ont pu faire prévaloir leur influence, grâce à l'épuisement de la nation dans la première, à la crainte de la révolution dans la seconde, et de même sous la République intérimaire de 1848, grâce à la terreur inspirée par le spectre rouge. Mais les intérêts de la hiérarchie militaire, complice du coup d'état du 2 décembre, ont pris leur revanche sous le second empire et provoqué la série de guerres qui ont abouti au désastre de 1870, en dépit de la volonté pacifique de la masse de la nation, — volonté formellement attestée par le plébiscite de mai. Si les influences pacifiques ont repris le dessus, si la paix a été maintenue depuis plus d'un quart de siècle, malgré les excitations du chauvinisme, c'est bien moins, il faut le dire, à l'intervention de l'opinion qu'à l'intérêt particulier du parti républicain, en possession du gouvernement, que la France en est redevable. Les politiciens qui constituent les fractions diverses de ce parti n'ignorent pas, en effet, qu'une guerre entraînerait inévitablement sa déchéance. Si elle était malheureuse, elle engendrerait une Commune démagogique et socialiste, bientôt suivie d'une dictature réactionnaire; si elle était couronnée de succès, elle porterait au pouvoir, par une acclamation irrésistible, le général victorieux. La République offre donc, dans l'état actuel des choses, des garanties spéciales de paix. Malheureusement, nul ne pourrait dire si la République résistera longtemps encore à la politique de gaspillage financier et aux pratiques relâchées de ses politiciens.

En Amérique, où existent deux catégories de républiques, celles qui appartiennent à des peuples de race latine, avec un fond de race indigène, et celles qui ont été instituées par la race anglo-saxonne avec un contingent d'irlandais, d'allemands, de français, d'italiens, de nègres etc., la classe dirigeante des premières constitue une oligarchie politicienne et militaire, partagée en partis concurrents qui se disputent, le plus souvent les armes à la main, l'exploitation du budget et qui demeurent continuellement sur le pied de guerre, sans trouver aucun contrepoids dans les intérêts pacifiques d'une masse ignorante et passive. Les secondes sont composées en immense majorité d'une population industrieuse, dont les intérêts sont essentiellement pacifiques, mais qui abandonne la direction des affaires publiques à des politiciens, à l'industrie desquels la guerre ne cause aucun dommage et dont elle accroît l'importance. En toute occasion, ils affichent, sous prétexte de patriotisme, une raideur hostile dans leurs relations avec les puissances étrangères ; après avoir déchaîné la guerre civile, dans un intérêt d'ambition, n'ont-ils pas, récemment encore, manifesté leur répugnance à se dessaisir du pouvoir de déchaîner la guerre étrangère, en repoussant le traité d'arbitrage qui leur était proposé par l'Angleterre [1] ?

En dernière analyse, dans l'ensemble du monde civilisé, les intérêts pacifiques l'emportent en nombre et en valeur sur ceux auxquels l'état de guerre et la guerre elle-même sont demeurés profitables, mais la direction des affaires des États continue, en dépit de toutes les révolutions et réformes politiques, à appartenir à une classe dont les intérêts professionnels n'ont cessé d'être, à cet égard, en opposition immédiate avec ceux de la multitude qu'elle gouverne. Nous trouverons dans cet état de choses, la cause réelle des guerres qui ont, plus que jamais, désolé le monde depuis que la guerre a perdu sa raison d'être.

[1] Appendice. Note F. Le traité d'arbitrage anglo-américain.

CHAPITRE V

LES GUERRES DES ÉTATS CIVILISÉS DEPUIS LA FIN DU XVIIIe SIÈCLE

Récapitulation des mobiles déterminants des guerres de l'ancien régime. — Pourquoi la guerre a subsisté sous le nouveau, quoiqu'elle ait perdu sa raison d'être. — L'opposition immédiate d'intérêts entre les gouvernants et les gouvernés. — Que cette opposition était atténuée par la perpétuité de possession du gouvernement de l'État. — Qu'elle a cessé de l'être depuis que cette possession est devenue précaire. — Causes déterminantes des guerres de la Révolution française. — Nécessités que subissaient les partis qui se succédaient au pouvoir. — Caractère économique des guerres de l'Empire. — Que les unes et les autres étaient suscitées par des intérêts particuliers et immédiats en opposition avec l'intérêt général et permanent de la nation. — Qu'il en a été ainsi de toutes les guerres qui se sont succédé depuis le commencement du siècle. — La guerre d'Orient. — La guerre d'Italie. — La guerre franco-allemande. — La guerre de la sécession américaine. — Que ces guerres ont été engagées sans que les nations qui en ont payé les frais eussent été consultées et sans qu'elles eussent le pouvoir de les empêcher.

Jusqu'à la fin du XVIIIe siècle, les guerres avaient été entreprises dans l'intérêt de la maison souveraine et de la classe gouvernante, noblesse et clergé, sur laquelle elle s'appuyait. Les chefs des maisons souveraines entreprenaient des guerres pour étendre leur domaine et augmenter ainsi les profits que rapportait, à eux et à leurs auxiliaires, fonctionnaires militaires et civils, l'industrie du gouvernement. Quoique ces profits eussent diminué depuis que la conquête n'entraînait plus la confiscation des biens des vaincus et leur réduction en esclavage, ils dépassaient encore ceux de la plupart des autres industries. Aux profits matériels s'ajoutaient encore les profits moraux consistant dans la gloire qu'acquérait le vainqueur et dans l'accroissement de prestige et d'influence que lui valait la victoire. A la vérité, la guerre devenue plus coûteuse, à mesure qu'elle employait un matériel plus perfectionné et que les ressources des nations, en s'accroissant grâce aux progrès de leur industrie, fournissaient aux gouvernements les moyens de grossir davantage leurs armements, la guerre, disons-nous, infligeait aux nations des charges de plus en plus lourdes, mais ces charges ne pesaient que pour une faible part sur la classe dont l'opinion décidait de la paix ou de la guerre. C'était la multitude vouée aux travaux de l'agriculture, de l'industrie et du commerce qui en supportait presque exclusivement le poids, et cette multitude n'avait aucune part ou, comme en Angleterre, elle n'avait qu'une part restreinte et presque infinitésimale dans le gouvernement de l'État. On pouvait croire que cette situation changerait du tout au tout lorsque la nation s'attribuerait la propriété de l'établissement politique, après en avoir dépouillé la maison souveraine, comme il arriva en France. Mais si une nation peut comme une « maison » ou une oligarchie posséder un État, elle ne peut le gérer elle-même. Elle est obligée d'en confier la gestion à des mandataires. Ces mandataires, elle possède le droit de les choisir, mais, en fait, ce choix ne tarde pas à appartenir à des associations ou *partis* qui se constituent pour s'emparer du gouvernement, en raison des profits et avantages qu'il est dans sa nature de procurer. Nous avons remarqué, et nous ne saurions trop insister sur ce point, qu'un personnel gouvernant, en sa qualité de producteur de services publics, se trouve en opposition immédiate d'intérêts avec la nation consommatrice de ces services, comme tout autre producteur vis-à-vis de ses consommateurs. Sous l'ancien régime, cette opposition immédiate d'intérêts se trouvait toutefois atténuée par la perpétuité de possession de la maison souveraine, intéressée par là même d'une manière permanente à la conservation et à la prospérité de la nation. Un parti qui n'a que la possession temporaire et précaire du gouvernement n'est pas retenu par cette considération d'avenir, et on peut en dire autant des dynasties qu'une révolution implante dans un pays, qu'une autre révolution peut déraciner, et qui se préoccupent, avant tout, de se constituer un fonds d'assurance contre le risque de dépossession. Un parti est d'ailleurs obligé, pour se maintenir au pouvoir ou pour y arriver, d'augmenter son effectif, et par conséquent d'agrandir le débouché des emplois et des faveurs qui servent à le rétribuer. Si donc la nation n'a point l'intelligence et l'énergie nécessaires pour défendre ses intérêts de consommatrice des services publics, elle aura beau être devenue propriétaire de l'État, elle sera plus mal et plus chèrement servie qu'elle ne l'était lorsque l'État appartenait à une maison souveraine, intéressée en raison de sa perpétuité de possession à ne point ruiner sa clientèle. Cette considération ne doit point être perdue de vue dans l'examen de la conduite des partis, lorsqu'il s'agit d'engager une guerre ou de la poursuivre. Nous apercevons visiblement son influence dans la série de guerres qu'a ouverte la révolution de 1789.

Lorsque le mouvement réformateur, préparé par les philosophes et les économistes, eut abouti en France à la convocation de l'Assemblée constituante, on vit se créer aussitôt dans cette Assemblée des partis qui étaient l'expression des intérêts divers ou immédiatement opposés qui se partageaient la nation. C'étaient, d'un côté, la noblesse et le haut clergé qui voulaient défendre leur situation privilégiée, de l'autre la bourgeoisie ou le Tiers-État qui aspirait à les supplanter et qui promettait à la multitude la diminution des charges dont elle était accablée. Chacun de ces partis ne manquait pas d'identifier ses intérêts avec ceux de la nation, et recourait aux moyens qu'il croyait les plus prompts et les plus sûrs pour les faire triompher : les uns réclamaient le secours des maisons souveraines et des classes dirigeantes de l'étranger, les autres enrôlaient la populace des villes et des campagnes, au moyen d'une solde et de l'appât du pillage. Dans ce conflit violent et désordonné que la faiblesse et l'inexpérience du détenteur du pouvoir était impuissant à maîtriser, la guerre apparut d'abord comme un dérivatif, ensuite comme une nécessité économique. L'industrie paralysée par la crise révolutionnaire laissait sans travail et sans ressources la multitude des ouvriers et des employés. Ils allèrent remplir les cadres des armées, transformées en ateliers nationaux, et entretenues au moyen des assignats et des réquisitions. Mais les assignats ne tardèrent pas à se déprécier et les réquisitions à s'épuiser, L'invasion de la Belgique, de la Hollande, de l'Allemagne, de l'Italie, fournit au dehors les ressources qui commençaient à manquer au dedans pour l'entretien de cette foule de « sans travail [1]. » Grâce aux

[1] Voir l'*Évolution politique et la Révolution*, chap. IX. La Révolution française.

aptitudes guerrières de la nation, grâce encore à l'abondance extraordinaire d'hommes que la crise d'abord, le service forcé substitué à l'enrôlement volontaire ensuite, mettaient au service des chefs et qui leur permettait de faire bon marché de la vie des soldats, les armées de la révolution remportèrent des succès et enrichirent le pays de dépouilles qui valurent à la guerre un renouveau de popularité.

Sous la direction du chef génial et peu scrupuleux qui confisqua la République à son profit, la guerre redevint même pour la France ce qu'elle avait été jadis : la plus productive des industries. Les pays conquis fournissaient des couronnes à la famille du dictateur impérial, des dotations à ses généraux et à ses familiers [1], des emplois largement rétribués au nombreux personnel de politiciens que lui avait légués la Révolution et qu'il avait transformés en fonctionnaires; enfin des subsistances et des indemnités qui subvenaient, pour une grosse part, à l'entretien des armées. La conscription seule causait à la nation un dommage sensible, en épuisant son sang le plus vigoureux, mais ce dommage ne devait être ressenti que plus tard, par l'affaiblissement des générations futures. Dans le présent, au contraire, la guerre en ouvrant un débouché supplémentaire à la multitude avait pour effet d'élever le niveau général des salaires.

[1] APPENDICE. Note G. Les profits des guerres de l'Empire.

Sans doute, sous un régime de paix, le développement régulier et normal de l'industrie eût élargi encore davantage le débouché du travail, mais la foule grisée par la victoire ne s'en avisait point et la guerre conserva sa popularité aussi longtemps que le succès couronna les entreprises du maître souverain de l'État.

Mais à quel mobile obéissaient les fauteurs des guerres de la Révolution et de l'Empire? Sous la République, c'était l'intérêt immédiat de la domination de leur parti ; sous l'Empire, c'était à l'intérêt de l'Empereur et de la dynastie qu'il prétendait fonder. Sans doute, chacun croyait volontiers que cet intérêt particulier de parti ou de dynastie était conforme à l'intérêt général et permanent de la nation. Les Jacobins étaient convaincus qu'ils sauvaient la France en recourant à la Terreur pour se maintenir au pouvoir, et Napoléon était sans aucun doute imbu de la même croyance en revenant de l'île d'Elbe. C'est l'excuse de tous les hommes qui s'efforcent *per fas et nefas* de conquérir ou de conserver la possession d'un État, et quelquefois elle est sincère; mais il est rare que les deux intérêts s'accordent, et que l'intérêt particulier et actuel qui dicte les actes d'un parti ou d'un homme ne se satisfasse point aux dépens de l'intérêt général et permanent que ce parti ou cet homme prétend servir.

Il en a été ainsi dans la période des luttes civiles et des guerres étrangères qui a commencé par la dépossession et a fini par la restauration de la monarchie française. Sous la République, les membres des partis qui ont occupé le pouvoir et leurs soutiens se sont élevés à un rang et ont réalisé une fortune auxquels ils n'auraient pu prétendre s'ils n'avaient pas déchaîné la révolution et la guerre. Sous l'Empire, la guerre a créé et doté une nouvelle aristocratie de fonctionnaires militaires et civils, avec l'annexe de la classe médiocrement intéressante des acheteurs des biens nationaux. Mais qu'y a gagné la nation? Il est hors de doute que la réforme de l'ancien régime se fût opérée plus largement et plus sûrement si la paix avait été conservée à l'intérieur et au dehors et que la France n'eût pas été affaiblie par les effroyables saignées de la Terreur et de la Conscription, par les frais et dommages des deux invasions et de la lourde indemnité qu'elle a dû payer à ses vainqueurs. Si la Révolution et la guerre ont été conformes à l'intérêt immédiat et particulier du personnel gouvernant de la République et de l'Empire, elles ont été contraires à l'intérêt général et permanent de la France.

On peut en dire autant de toutes les guerres qui ont succédé à celle-là, en Europe et dans les autres parties du monde civilisé. Elles ont toutes été déterminées par l'intérêt particulier et immédiat du chef et de la classe dirigeante de l'État, auquel elles donnaient satisfaction quand elles étaient couronnées de succès; en revanche, elles ont été invariablement contraires à l'intérêt général et permanent de la nation, dont elles diminuaient les ressources et augmentaient les charges, sans lui procurer la compensation qu'elles lui offraient auparavant par l'accroissement général de la sécurité.

Après un intervalle de paix de près de quarante ans, interrompu seulement par des explosions révolutionnaires, l'ère des grandes guerres s'est ouverte de nouveau : guerre d'Orient, guerre d'Italie, guerre austro-allemande, guerre franco-allemande, guerre turco-russe, etc., en Europe, et, dans le Nouveau-Monde, guerre de la sécession américaine, sans compter les luttes intestines des États de l'Amérique du Sud. Toutes ces guerres ont été engagées par des chefs d'État appuyés sur les classes gouvernantes, en vue d'un intérêt particulier et immédiat de domination, — qu'ils se plaisaient, à la vérité, à déclarer conforme à l'intérêt général et permanent des nations; mais si les gouvernements vainqueurs ont tiré quelque avantage de ces guerres, il n'en a pas été ainsi des peuples qui en ont payé les frais. Aucune ne leur a rapporté, à beaucoup près, ce qu'elle leur a coûté. Si la guerre d'Orient, engagée sous un prétexte de protection des Lieux-Saints, a eu pour résultat de consolider l'Empire issu du coup d'État en augmentant son prestige, et de procurer de l'avancement et des honneurs à la hiérarchie militaire, qu'a-t-elle rapporté à la nation française en échange du sang et de l'argent qu'elle lui a coûtés ? A-t-elle été plus avantageuse à la nation anglaise ? A-t-elle enrayé les progrès de la puissance de la Russie et ceux de la décadence de la Turquie ? La guerre d'Italie, fomentée par des conspirateurs, des aventuriers et des politiciens retors, avec le concours d'un rêveur couronné, a eu, en revanche, pour résultat l'unification politique des différents États de l'Italie. En France, cette guerre a valu à l'Empire un regain de popularité, mais la création d'une puissance militaire, gouvernée par des politiciens qui n'ont pas tardé à attester que la reconnaissance n'est pas une vertu politique, a-t-elle augmenté de ce côté la sécurité de la nation française ? En Italie, l'unification a été immédiatement profitable à la classe moyenne, qu'elle a élevée à la condition de classe gouvernante, en mettant à sa disposition la hiérarchie des emplois civils et militaires, avec la machine à fabriquer les lois, machine dont elle s'est hâtée de se servir pour protéger une poignée d'industriels et de capitalistes aux dépens des consommateurs. Mais quel profit a retiré la multitude des gouvernés de cette exaltation et de cet enrichissement d'une classe gouvernante ? Les frais de gouvernement ont quadruplé, la dette a décuplé, et nul ne pourrait dire que les services publics se soient améliorés dans une proportion équivalente[1]. La corruption a fleuri dans le Parlement autant qu'elle le faisait auparavant dans les Cours, la justice est à la merci des politiciens, la loi du domicile forcé leur permet de traiter leurs concurrents radicaux et socialistes comme ils étaient traités eux-mêmes par les tyrans de l'ancien régime, et la misère plus noire que jamais chasse de l'Italie une multitude croissante d'émigrants faméliques. Ce qui peut excuser les fauteurs de cette guerre c'est que le plus grand nombre d'entre eux étaient sincèrement convaincus que tout en faisant leurs affaires ils faisaient celles de la nation.

Cette excuse, les fauteurs de la guerre franco-allemande ne peuvent pas l'invoquer. Cette guerre, engagée sous un prétexte futile et presque ridicule, a eu pour unique mobile l'intérêt particulier et immédiat de l'établissement impérial à son déclin, et pour objectif, la conquête des provinces rhénanes. Si elle avait réussi, elle aurait certainement consolidé l'Empire, mais, dans cette éventualité même, qu'aurait gagné la nation française en échange des sacrifices de sang et d'argent que la guerre lui aurait coûtés ? Les profits que l'annexion d'une ou de deux provinces

[1] APPENDICE. Note H. L'augmentation des dépenses de l'Italie unifiée.

auraient rapportés à la hiérarchie gouvernante, civile et militaire, auraient-ils compensé les charges accrues par les risques d'une revanche de l'Allemagne ? L'entreprise a échoué et la nation a supporté d'abord les frais énormes de la guerre et de l'indemnité qu'elle a été condamnée à payer, ensuite, ceux de la réfection et de l'augmentation démesurée de son appareil de guerre. La seule compensation de ce désastre a été le remplacement du personnel gouvernant de l'Empire par un personnel issu du parti républicain; mais l'avenir seul pourra attester si cette compensation a été suffisante. Quant à la nation allemande, quel profit a-t-elle retiré de sa victoire? L'indemnité de cinq milliards payée par la France a servi à fournir des récompenses à la hiérarchie militaire et à développer l'appareil de guerre[1]; les deux provinces conquises ont ouvert un débouché supplémentaire à la classe des fonctionnaires, mais les charges de la nation ont été constamment accrues par suite de l'exhaussement du risque de guerre, suscité par la crainte toujours subsistante d'une revanche du vaincu. Les bénéfices de la classe en possession du gouvernement en Allemagne, de celle que la révolution du 4 septembre a intronisée en France ont-ils compensé les pertes subies par les deux nations?

[1] APPENDICE. Note I. L'emploi des cinq milliards de l'indemnité de la guerre franco-allemande.

En Amérique, la guerre de la sécession a-t-elle produit des résultats plus avantageux pour la nation ? Elle a eu pour conséquence l'émancipation des nègres, mais elle les a placés dans une condition matériellement et moralement pire que celle où ils se trouvaient sous le régime de l'esclavage, et ceux-là même qui les ont émancipés les menacent aujourd'hui d'une expulsion en masse[1]. Elle a ruiné les États du Sud et propagé dans toute l'Union un système de corruption politique et économique sans précédent dans le monde, en y implantant le politicianisme sous sa pire forme et le protectionisme dans ses pires excès.

Au moins toutes ces guerres dans lesquelles les nations ont été engagées depuis un siècle et qui leur ont coûté si cher, les ont-elles voulues ? Nous venons de voir qu'elles ont été déclarées sans que les multitudes gouvernées qui devaient y contribuer de leur sang et de leur argent aient été consultées, sans qu'elles aient eu, même dans les pays où la nation a été proclamée souveraine, la possibilité de les empêcher. Comme sous l'ancien régime, le pouvoir de faire la guerre appartient au chef et à l'état-major de la classe gouvernante et quoiqu'ils ne manquent jamais d'invoquer pour l'engager l'intérêt et l'honneur de la nation, c'est à leur propre intérêt

[1] Voir le *Journal des Économistes*, n° du 15 avril 1897. Le *Negro problem* aux États-Unis.

qu'ils obéissent. Si cet intérêt considéré dans le temps s'accorde avec celui de la nation, il lui est actuellement opposé, et c'est cet intérêt immédiat et égoïste qui sert de règle habituelle à leur conduite. Si la nation française eût été consultée par ses gouvernants aurait-elle fait la guerre à la Prusse pour empêcher un Hohenzollern de devenir roi d'Espagne? La guerre de la sécession a-t-elle été davantage voulue par la nation américaine? Nul n'ignore que si les politiciens du Sud ont pris l'initiative de la sécession, c'est parce qu'ils avaient perdu l'espoir de gouverner l'Union entière et que si les politiciens du Nord ont voulu la maintenir, c'est parce qu'ils étaient assurés d'y obtenir désormais la suprématie. Mais la masse de la nation aurait-elle des deux parts engagé la lutte si elle eût été consultée? Nul ne pourrait l'affirmer. En tout cas, l'évènement a prouvé que la séparation eût été moins nuisible que la guerre et ses conséquences pour les États du Nord, et le maintien de l'Union pour les États du Sud.

Jadis la guerre était indirectement utile à toutes les classes qui composaient les nations, aussi bien aux classes assujetties qu'aux oligarchies possédantes et gouvernantes des États, en ce qu'elle était le véhicule nécessaire des progrès de l'industrie destructive et par conséquent le seul moyen d'assurer leur sécurité contre les invasions des peuples barbares.

Cette sécurité acquise, elles n'ont plus aucun profit à retirer de la guerre ; elles en supportent, sans aucune compensation appréciable, les charges et les dommages.

Dans quelle situation les guerres inutiles que nous venons de passer en revue les ont-elles placées? Quel est le montant des charges qu'elles subissent et de la prime qu'elles paient pour s'assurer contre le risque que font peser sur elles les intérêts prépondérants qui perpétuent dans le monde civilisé l'état de guerre, contrairement aux intérêts et à la volonté pacifiques des masses industrieuses? Comment enfin ceux-ci pourront-ils prévaloir sur ceux-là, voilà ce qu'il nous reste à rechercher.

CHAPITRE VI

LE BILAN DES GUERRES DES ÉTATS MODERNES. LA PAIX ARMÉE

Le passif de l'état de guerre. — Difficulté de faire le compte des frais et dommages causés par la guerre. — Les pertes et les dépenses directes. — Les dommages indirects. — Accroissement progressif des dettes et des budgets des États civilisés depuis le commencement du siècle. — L'augmentation des effectifs militaires. — L'impôt du sang et la charge qu'il impose. — L'actif de l'état de guerre. — Débouché qu'il procure au personnel de la hiérarchie militaire et civile. — Que la multitude gouvernée n'en tire aucun profit appréciable. — Élévation progressive du risque de guerre et augmentation correspondante de l'appareil d'assurance de la paix armée. — Causes qui contribuent à aggraver ce risque. — La politique coloniale. — La politique protectionniste. — L'absorption des petits États par les grands. — Que le risque de guerre et les armements qu'il suscite sont portés actuellement à leur maximum.

Des statisticiens ont entrepris de faire le compte de ce qu'ont coûté, en hommes et en capitaux, les guerres qui ont désolé le monde civilisé depuis la fin du XVIIIe siècle. Ces estimations sont toutefois inévitablement incomplètes, car elles ne peuvent s'appliquer qu'aux pertes d'hommes et aux dépenses extraordinaires occasionnées directement par la guerre. Il est impossible d'évaluer les dommages indirects que cause la crise industrielle, commerciale et financière qu'elle engendre, et qui va s'étendant et s'aggravant à mesure que se multiplient les relations internationales. On ne peut pas davantage faire le compte de ce que coûtent aux nations les fluctuations et la dépréciation finale du papier-monnaie, auquel les gouvernements recourent d'habitude dans les moments où ils ne pourraient se procurer, par la voie ordinaire des emprunts, les ressources nécessaires pour continuer la guerre. Mais si toutes les évaluations sont, en cette matière, forcément inexactes et incomplètes, on peut cependant, en examinant la situation des budgets et des dettes publiques des États civilisés, se faire une idée du fardeau dont les guerres modernes ont chargé les nations. Dans l'ensemble des budgets des États de l'Europe, les dépenses militaires et navales et le service de la dette absorbent plus des deux tiers des recettes, et le total des dettes accumulées depuis un siècle et contractées presque exclusivement pour subvenir à des dépenses de guerre dépasse 130 milliards [1]. Pour subvenir à cet énorme accroissement de charges, les gouvernements ont été obligés de multiplier les impôts, et ils ont eu

[1] APPENDICE. Note K. L'augmentation progressive des dépenses de guerre et des dettes publiques en Europe.

principalement recours aux impôts indirects, plus faciles à faire accepter parce qu'on ne les voit pas. Pour ne parler que de la France, cette catégorie d'impôts qui ne fournissait qu'environ un tiers du total des recettes sous l'ancien régime en fournit aujourd'hui les deux tiers. Sans doute, les progrès extraordinaires de l'industrie ont augmenté dans des proportions considérables la richesse des nations; elles peuvent supporter aujourd'hui des charges qui les auraient écrasées, il y a un siècle; mais il n'est pas moins vrai qu'au lieu de s'abaisser, le tantième que les gouvernements prélèvent sur les revenus des nations va s'élevant tous les jours, et qu'il tend de plus en plus à absorber, comme sous le régime de l'esclavage, le produit net de leur industrie. La charge de l'impôt du sang ou du service obligatoire s'est élevée dans une proportion plus forte encore. Ceci à une époque où le péril des invasions de barbares qui pouvait seul justifier les sacrifices imposés aux peuples pour assurer leur sécurité a complètement cessé d'exister.

Encore faut-il ajouter que le montant de ces impôts, destinés à assurer une sécurité qui n'est plus menacée, ne constitue qu'une partie de la charge et des dommages qu'ils infligent. La perception des droits de douane et des autres taxes indirectes nécessite des restrictions et des gênes qui entravent le développement de la production. Quant à l'impôt du sang, outre la perte et les dommages qu'il cause directement en prélevant sur le travail une dîme stérile, il atteint la vitalité même des nations en enlevant à la reproduction ses agents les plus vigoureux, dans l'âge où ils y sont particulièrement aptes, pour les livrer aux périls et à la corruption de la prostitution la plus basse.

En présence de cet énorme passif d'impôts, de dettes et de dommages de tous genres, — dans lequel nous n'avons pas compris les souffrances physiques et morales qu'il est dans la nature de la guerre de causer, qu'avons-nous à placer à l'actif de la continuation de l'état de guerre? Quels bénéfices les nations civilisées en ont-elles retirés depuis un siècle?

Ici, apparait l'opposition immédiate d'intérêts qui existe entre les gouvernants et les gouvernés. Si l'on considère l'intérêt particulier et actuel des classes gouvernantes des États civilisés, on devra reconnaître que ces classes ont bénéficié de la continuation de l'état de guerre, — quoique l'établissement d'un régime de paix leur eût été, selon toute apparence, encore plus avantageuse. Il a fourni un débouché assuré sinon lucratif, — au moins dans les emplois inférieurs de la hiérarchie, — aux familles dans lesquelles se recrute, de génération en génération, la plus grande partie, on pourrait dire même la presque totalité des fonctionnaires militaires et civils. Il a augmenté le prestige des souverains et des politiciens qui ont conservé le pouvoir illimité de disposer des ressources des contribuables et même d'hypothéquer leurs ressources futures pour entreprendre des guerres en opposition manifeste avec l'intérêt général et permanent de la nation. Nous venons de donner un court aperçu de ce qu'elles ont coûté à la communauté civilisée. Quels progrès matériels et moraux ont-elles suscités? Le compte en serait facile à faire, et ce compte se solderait presque invariablement par un déficit supplémentaire. Dans toute l'Europe, les guerres de la Révolution et de l'Empire ont retardé la réforme de l'ancien régime, en investissant les chefs d'état du pouvoir dictatorial que la guerre nécessite et en leur permettant d'ajourner les réformes demandées par leurs peuples. C'est seulement après un long intervalle de paix que l'opinion est devenue assez forte pour les obliger à compter avec elle. Si ces guerres et celles qui les ont suivies ont favorisé un certain nombre d'intérêts, plus ou moins recommandables, elles ont retardé le développement général de la richesse et de la civilisation.

Enfin, en sus des frais qu'elles ont coûtés et des dommages qu'elles ont causés pendant leur durée, ces guerres ont rendu la paix de plus en plus précaire;

en d'autres termes, elles ont élevé le taux du risque de guerre.

« Le risque de guerre, remarquions-nous dans un de nos précédents ouvrages [1], surélevé par la Révolution et l'Empire, redescendit et tomba même à son point le plus bas de 1815 à 1830. La révolution de 1830 le fit remonter de plusieurs points, sous l'influence de la crainte que les passions et les intérêts belliqueux ne vinssent à reprendre le dessus en France, mais la politique résolument pacifique du roi Louis-Philippe le fit ensuite redescendre de nouveau. On pourrait, au surplus, dresser un tableau très approximativement exact de ses fluctuations en notant les fluctuations en sens contraire de la Bourse, à chacun de ses mouvements. Il s'est relevé brusquement en 1848, mais c'est du rétablissement de l'Empire que date son mouvement presque constamment ascentionnel. Depuis la guerre de 1870, ce mouvement de hausse s'est encore accentué, quoiqu'on puisse signaler de nombreuses fluctuations dans son développement.

« A mesure que le risque de guerre s'est élevé, l'appareil nécessaire pour y pourvoir a reçu un accroissement correspondant : la servitude militaire, d'abord limitée, en fait, à la classe inférieure de la population, a été étendue à toutes les classes, chaque pays

[1] *Comment se résoudra la question sociale*, p. 192.

s'est entouré d'une ceinture de fortifications, comme au moyen âge chaque seigneurie, et les budgets de la paix armée se sont élevés à un taux que n'atteignaient pas auparavant les budgets mêmes de la guerre ».

Cette élévation progressive du risque de guerre n'est pas toutefois causée uniquement par la guerre elle-même.

Parmi les causes qui l'ont suscitée, il faut signaler, en premier lieu, la multiplication des occasions de conflits depuis que le développement extraordinaire des moyens de communication et des relations commerciales a rapproché les peuples et internationalisé les intérêts, depuis encore que les gouvernements des États civilisés ont entrepris de soumettre à leur domination les régions du globe occupées par les peuples inférieurs ou moins avancés. Ces conflits sont fomentés tantôt par la jalousie qu'inspire aux nations les moins capables de tirer parti de leurs acquisitions territoriales, le succès de celles qui se montrent plus aptes à mener à bien leurs entreprises de colonisation, tantôt par l'esprit de monopole qui suscite les relèvements et les guerres de tarifs, en vouant à la ruine les populations de plus en plus nombreuses auxquelles les débouchés extérieurs fournissent leurs moyens d'existence. Ces confiscations de clientèle que votent tous les jours des politiciens aux gages d'intérêts influents, entretiennent entre les peuples les passions haineuses que les guerres du passé avaient créées, en envenimant les difficultés qui naissent de leur rapprochement et de la multiplicité croissante de leurs rapports, et elles fournissent ainsi aux chefs d'États ou aux partis politiques qui croient tirer profit d'une guerre, l'occasion de la provoquer en invoquant l'intérêt ou l'honneur national. En second lieu, l'absorption, opérée à la suite des guerres de la Révolution et de l'Empire, d'une foule de petits États qui servaient, en quelque sorte, de tampons entre les grandes puissances, a eu pour effet, sinon de rendre les guerres plus fréquentes, au moins d'en aggraver les risques et les conséquences. L'Europe est actuellement partagée entre six grandes puissances, dont aucune n'est séparée d'une rivale, et chez la plupart desquelles les intérêts attachés à la conservation de l'état de guerre l'emportent en influence sinon en volume sur les intérêts pacifiques. Comment le contact immédiat d'intérêts belliqueux n'aurait-il pas élevé le risque de guerre et déterminé l'accroissement de l'appareil d'assurance nécessaire pour le couvrir? Chaque fois qu'une de ces grandes puissances a développé ou perfectionné ses armements, les autres se sont crues obligées de suivre son exemple. Chaque fois encore qu'une guerre a éclaté, en aggravant le risque de nouvelles ruptures de la paix par les passions haineuses et les désirs de revendication ou de revanche qu'il est dans la nature de la guerre de susciter, l'appareil d'assurance de ce risque a été renforcé. Les choses en sont venues au point, depuis que la guerre franco-allemande en a élevé le taux au maximum, que les armements ont fini par être portés aussi au maximum que comportent les ressources de chaque puissance, en personnel et en matériel, et les possibilités de l'impôt. Les petits États, même ceux que leur neutralité semblait devoir protéger, ont cru, non sans raison peut-être, qu'ils ne pouvaient se dispenser d'imiter les grands. C'est ainsi que l'Europe est devenue une vaste place de guerre, hérissée de fortifications formidables, et qu'elle tient sur pied, en temps de paix, des armées dix fois plus nombreuses que celles qui suffisaient jadis à la préserver des invasions des Barbares.

Sous ce régime de paix armée à outrance, il serait, comme on va le voir, téméraire d'affirmer que les chances de paix doivent l'emporter sur les risques de guerre.

CHAPITRE VII

LES CHANCES DE PAIX ET LES RISQUES DE GUERRE

État actuel de l'Europe. — Les grandes puissances et les États secondaires. — Les États neutres. — Le Concert Européen. — Que le pouvoir de décider de la paix ou de la guerre est concentré entre les mains des grandes puissances. — Leur partage actuel en deux groupes. — Les chances de paix sous ce régime. — Chances provenant du risque de dépossession du gouvernement à la suite d'une guerre malheureuse, — de la situation financière des États, — de l'accroissement des frais de la guerre et des charges qu'il nécessite. — Insuffisance de ces freins pour arrêter la poussée des intérêts belliqueux. — Facilités que le développement du crédit apporte à l'action de ces intérêts. — Les banques transformées en trésors de guerre. — Le papier-monnaie. — Le service militaire obligatoire. — Appréciation du pouvoir de résistance des intérêts pacifiques. — Que ces intérêts ne se sont pas accrus dans une proportion supérieure à celle des intérêts belliqueux. — En revanche, que les dommages causés par la guerre aux classes industrieuses se sont accrus en raison des progrès de l'industrie.

Si l'on veut se rendre compte des chances de paix et des risques de guerre au moment où nous sommes, il faut examiner la situation politique des États qui ont le pouvoir de déchaîner la guerre et évaluer l'influence qu'y possèdent sur la direction des affaires publiques les intérêts pacifiques et les intérêts belliqueux.

En Europe, les médiatisations, les annexions et les unifications ont successivement réduit, comme dans les autres branches de l'activité humaine, le nombre des petits établissements politiques au profit des grands. On en comptait plusieurs centaines au siècle dernier, il en reste aujourd'hui à peine une vingtaine. Ce sont, en premier lieu, les grandes puissances, la France, l'Allemagne, l'Autriche-Hongrie, l'Italie, la Russie et l'Angleterre, en second lieu, les États moyens ou petits : la Scandinavie (Suède et Norvège, politiquement unies pour leurs relations extérieures), le Danemark, la Hollande, la Belgique, la Suisse, l'Espagne, le Portugal, les États Balkaniques, la Turquie et la Grèce; parmi ces puissances secondaires la Belgique et la Suisse forment une catégorie particulière d'États neutres auxquels il est interdit de faire la guerre, sauf dans le cas où leur neutralité viendrait à être violée. En fait, le maintien de la paix de l'Europe dépend exclusivement des grandes puissances. Elles constituent ce que l'on a nommé le concert Européen, et chaque fois qu'un différend surgit entre deux États secondaires, elles s'efforcent de se mettre d'accord pour le résoudre et au besoin pour imposer la solution qu'elles jugent équitable et utile. Parfois, elles laissent s'engager la lutte, comme il est arrivé récemment dans le cas de guerre gréco-turque, sauf à intervenir pour empêcher le vainqueur d'abuser de sa victoire et pour régler les conditions de la paix. Ce droit d'intervention qu'elles se sont attribué dans l'intérêt de la communauté européenne, — car il ne peut avoir un autre fondement, — elles l'ont même exercé à l'égard de l'une d'elles, à l'issue de la guerre turco-russe en revisant et en modifiant les conditions du traité de San-Stefano. Elles auraient pu reviser de même le traité de Francfort, et il est permis de regretter qu'elles ne s'en soient point avisées.

Ces grandes puissances qui décident souverainement de la paix ou de la guerre en Europe sont actuellement partagées en deux groupes : l'Allemagne, l'Autriche-Hongrie et l'Italie, formant la triple alliance, la France et la Russie constituant la double alliance, l'Angleterre demeurant isolée. Ces deux alliances ont été conclues uniquement dans l'intérêt de la défense commune des États qui y sont compris, s'il faut ajouter foi aux déclarations formelles de leurs auteurs, et l'isolement de l'Angleterre attesterait au besoin, le caractère essentiellement pacifique de sa politique extérieure. Ajoutons qu'en toute occasion les souverains et les hommes d'État qui dirigent les affaires des grandes puissances ont affirmé solennellement leur ferme volonté de conserver la paix. Personne n'ayant l'intention de la rompre, il semblerait qu'elle fût assurée à jamais, et l'on pourrait se demander pourquoi ces mêmes chefs d'État s'appliquent constamment à renforcer des appareils de guerre dont aucun d'entre eux n'a l'intention de se servir, pourquoi ils font plier leurs peuples sous le fardeau des dépenses militaires en invoquant la nécessité de se défendre puisque personne ne veut attaquer.

Mais les déclarations pacifiques, si solennelles et même si sincères qu'elles soient, n'offrent que de faibles garanties de paix. N'est-ce pas après que ces paroles rassurantes : *l'Empire, c'est la paix*, eurent été prononcées, que s'est ouverte la série des guerres du second Empire? C'est l'examen de la puissance comparée des intérêts belliqueux et des intérêts pacifiques qui peut seul permettre d'apprécier, d'une manière approximative, les chances de paix et les risques de guerre.

Les chances de paix résident d'abord dans l'intérêt que les gouvernements eux-mêmes peuvent avoir à la maintenir. Le premier de ces intérêts est celui de leur propre conservation. Si une guerre heureuse a pour effet d'augmenter la puissance et le prestige d'un gouvernement, en revanche une guerre malheureuse peut, comme il est arrivé en France, provoquer une révolution qui l'emporte. Ce risque de dépossession est toutefois fort inégal. En Russie, en Allemagne, en Autriche-Hongrie, en Angleterre, où les maisons souveraines ont une existence séculaire et où des intérêts considérables sont attachés à leur conservation, elles semblent n'avoir rien à redouter, actuellement du moins, de l'issue malheureuse d'une guerre. Il en est autrement en Italie, où la monarchie unitaire de fraîche date n'est pas solidement enracinée, et en France où la république l'est encore moins.

Une garantie plus générale de paix semblerait devoir résider dans la situation financière des États, dans le poids de leurs dettes et l'énormité des dépenses qu'implique l'augmentation du prix de revient de la guerre, à une époque où les armées se composent non plus de milliers mais de millions d'hommes et où elles mettent en œuvre un matériel dont le coût s'est augmenté avec la puissance. Mais l'expérience démontre que les charges éventuelles qu'une guerre peut ajouter à celles que la nation supporte déjà n'exercent qu'une faible influence sur les décisions de son gouvernement. Ce supplément de charges n'atteint pas, d'une manière immédiate et sensible, les gouvernants eux-mêmes; il n'a pas pour effet de diminuer la liste civile des souverains et les appointements des fonctionnaires civils et militaires. S'il a pour résultat inévitable d'affaiblir et d'appauvrir la nation qui leur fournit leurs moyens d'existence, et de compromettre ainsi l'avenir de leur propre descendance, ce résultat ne se produit qu'à la longue; et quand même ils en auraient la vague prévision, suffirait-elle pour arrêter la poussée des intérêts et des passions qui les entraînent à la guerre? L'insuffisance des ressources dont les gouvernements peuvent disposer actuellement pour la guerre serait, sans aucun doute, plus efficace. Mais la guerre trouve aujourd'hui, dans le développement des institutions de crédit et dans le régime monétaire des peuples civilisés, des ressources extraordinaires et toujours prêtes qui lui faisaient défaut autrefois. Avant de s'engager dans l'aventure d'une guerre, les souverains du passé étaient obligés d'accumuler non sans peine un « trésor » et de demander à leurs sujets un supplément de subsides; ils ne pouvaient que rarement et à des conditions onéreuses recourir à l'emprunt. Il n'en est plus ainsi à présent. Les gouvernements n'ont plus besoin d'accumuler des trésors de guerre. Seul, le gouvernement allemand a eu recours à cette pratique surannée, en mettant en réserve dans la forteresse de Spandau une somme de 120 millions de marks, prise sur l'indemnité de 5 milliards payée par la France. Les banques d'État ou les banques privilégiées mettent au service de la guerre des sommes bien autrement considérables. Au lieu de conserver seulement en métal la somme reconnue nécessaire, soit le tiers au plus du montant de leur circulation fiduciaire, ces banques, que l'État dirige ou privilégie et qu'il pourvoit d'un gouverneur à sa dévotion, entassent, sous la pression avouée ou non du gouvernement, une encaisse métallique presque égale au montant de leurs billets, en renchérissant ainsi, sans nécessité, les frais et le prix de leurs services de prêt ou d'escompte [1]. En cas de guerre, les gouvernements ne se font aucun scrupule de mettre la main sur ces trésors qu'ils n'ont pas pris la peine d'accumuler eux-mêmes, en autorisant les banques à suspendre leurs paiements en espèces. Ils peuvent encore, après avoir épuisé ces stocks métalliques, recourir au papier-monnaie, soit en l'émettant directement, soit en obligeant les banques à multiplier leurs émissions. Sans doute, ces émissions surabondantes ont pour effet de déprécier la circulation, mais cette dépréciation ne devient sensible qu'après que le papier a expulsé entièrement la monnaie métallique, et, en attendant, elles peuvent fournir d'abord une somme égale au montant de la monnaie expulsée, ensuite une autre somme égale à la différence du pouvoir d'acquisition du papier déprécié et de la monnaie métallique qu'il remplace. Enfin, les gouvernements dont le crédit est le plus solide peuvent encore continuer, pendant la guerre, à contracter des

[1] APPENDICE. Note L. Les encaisses des banques transformées en trésors de guerre.

emprunts, sauf à les payer plus cher que d'habitude. Grâce à ces divers expédients, ils peuvent se dispenser de recourir à des augmentations d'impôts qui ne manqueraient pas de soulever la résistance énergique de l'opinion et ne fourniraient d'ailleurs qu'un supplément de recettes d'une insuffisance presque ridicule. Les grandes puissances européennes trouveraient ainsi, en cas de guerre, des ressources immédiates qu'il est permis d'évaluer sans exagération, à une cinquantaine de milliards. D'un autre côté, le service obligatoire universalisé leur fournirait sur l'heure dix ou douze millions de soldats. Ce n'est donc pas l'insuffisance des ressources en argent et en hommes qui pourrait empêcher les intérêts belliqueux de transformer l'Europe en un vaste champ de bataille.

Cela étant, il s'agit de savoir quelle résistance ils pourraient rencontrer dans les intérêts pacifiques. Les éléments dont il faut tenir compte pour calculer la puissance possible de cette résistance sont d'abord le volume des intérêts pacifiques, ensuite le montant des dommages que la guerre peut leur causer, et par conséquent l'intensité et l'étendue du mouvement d'opinion que l'appréhension de ce dommage peut provoquer.

Le développement extraordinaire de la production depuis un siècle a déterminé un accroissement correspondant de la population qui vit du produit de ses capitaux et de son travail. Mais si cette population, qui est appelée à supporter, de génération en génération, le fardeau de la guerre, s'est considérablement accrue, on peut en dire autant de celle des fonctionnaires militaires et civils, à laquelle la guerre n'inflige aucun dommage et procure au contraire un supplément de profits, de pouvoir et d'influence. On ne saurait affirmer que la proportion qui existait sous l'ancien régime entre ces deux catégories sociales se soit sensiblement modifiée. Si elle a subi un changement, c'est plutôt à l'avantage de la population qui vit du budget que de celle qui l'alimente.

Mais si l'on ne peut pas dire que les intérêts pacifiques se soient accrus dans une proportion plus forte que les intérêts belliqueux, nous allons voir que la guerre leur est infiniment plus dommageable qu'elle ne l'était avant l'extension moderne des débouchés de la production industrielle et agricole et la transformation progressive de son matériel, en un mot qu'elle est devenue de plus en plus incompatible avec les conditions actuelles d'existence des classes industrieuses.

CHAPITRE VIII

LES CHANCES DE PAIX ET LES RISQUES DE GUERRE (SUITE)

Que les dommages causés par la guerre, après avoir été simplement locaux, sont devenus généraux. — Perturbations que cause la guerre dans le marché internationalisé des produits, du capital et du travail. — Qu'elle est devenue une nuisance universelle, mais que cette nuisance est inégale, ainsi que la force de résistance des intérêts pacifiques. — Que la paix trouve son appui le plus solide dans la classe capitaliste et, en particulier, chez les détenteurs des valeurs mobilières. — Que le partage des grandes puissances en deux groupes n'est qu'une garantie incertaine de la paix de l'Europe. — Que la paix n'est pas mieux assurée en Amérique et dans le reste du monde. — Que les classes intéressées à la permanence de la paix n'ont pas encore acquis la puissance nécessaire pour mettre fin à l'état de guerre.

Depuis l'avènement de la grande industrie et surtout depuis la transformation progressive qui s'est opérée dans les moyens de transport maritimes et terrestres, les pertes et dommages causés par la guerre se sont étendus, de proche en proche, dans toutes les régions du monde civilisé, mises en communication et solidarisées par les liens multiples de l'échange. De locaux, ils sont devenus généraux.

Quel était le caractère de l'industrie jusqu'à l'époque récente où la transformation de son outillage a augmenté dans des proportions extraordinaires sa puissance productive ? C'était, sauf de rares exceptions, la localisation la plus étroite. L'insuffisance et la cherté des moyens de communication, jointes au défaut de sécurité, limitaient les débouchés. Les denrées alimentaires, qui constituaient et n'ont pas cessé de constituer la grande masse des articles nécessaires à la satisfaction des besoins de l'homme, étaient généralement consommés dans la localité même où ils étaient produits. Le commerce extérieur des nations les plus industrieuses ne comprenait guère que des articles de seconde nécessité ou de luxe, à la portée seulement des classes aisées. Il y a deux siècles à peine, le commerce de l'ensemble des peuples de l'Europe n'atteignait pas en valeur celui d'un des plus petits États d'aujourd'hui : la Belgique, la Hollande ou la Suisse. Que résultait-il de cette localisation de la production et de la consommation, lorsqu'une guerre venait à éclater ? C'est que les nations qui n'y étaient point engagées, n'ayant avec les belligérants que des rapports d'intérêts de peu d'importance, ne s'en ressentaient que faiblement. Même dans les pays en état de guerre, les localités seules qui étaient le théâtre de la lutte souffraient sensiblement de l'interruption de leurs relations commerciales et de leurs moyens d'approvisionnement. Quand les armées de Louis XIV ravageaient le Palatinat, le reste de l'Allemagne ne subissait point un dommage appréciable. Il n'en est plus ainsi depuis que toutes les nations sont rattachées les unes aux autres par un réseau de plus en plus serré d'échanges et de prêts. C'est pendant le cours de ce siècle et, en particulier, depuis que l'application de la vapeur et de l'électricité aux moyens de communication a si prodigieusement élargi les débouchés de l'industrie, et malgré les obstacles artificiels que le protectionnisme a substitués à l'obstacle naturel des distances, que s'est opérée cette internationalisation des intérêts. Au moment où nous sommes, le commerce extérieur de l'ensemble des nations civilisées dépasse 80 milliards et le montant des prêts effectués par les nations productrices de capitaux, l'Angleterre, la France, la Belgique, la Hollande, la Suisse, etc., à celles chez lesquelles cette production demeure insuffisante, la Russie, l'Espagne, l'Italie, l'Amérique du Nord et du Sud, l'Asie, l'Afrique, l'Australie, n'est probablement pas moindre ; enfin, une circulation de travail a commencé de même à s'établir tant entre les différents pays de l'Europe qu'entre l'Europe et les autres parties du globe. En temps de paix, cette internationalisation des produits, des capitaux et du travail suit son cours régulier et toutes les nations en recueillent les bénéfices. Quelle énorme économie de travail et de peine l'Angleterre, par exemple, ne réalise-t-elle pas dans l'acquisition des matériaux de la vie, en achetant plus de la moitié de la quantité de ses subsistances aux nations qui les produisent au meilleur marché! Et ces nations auxquelles elle fournit en échange des articles qui leur coûteraient plus de travail si elles les produisaient elles-mêmes, ne trouvent-elles pas dans cet échange un profit analogue? De même, les pays où la production des capitaux est abondante, où ils se louent à bon marché, ne bénéficient-ils pas de la différence des deux taux en les portant dans ceux où ils sont rares et chers, tandis que les nations emprunteuses peuvent fonder et alimenter à moins de frais des entreprises productives et en augmenter le nombre. La même observation s'applique aux importations et aux exportations du travail. Pour les importateurs de produits, de capitaux et de travail, aussi bien que pour les exportateurs, il y a augmentation des facilités d'acquisition des matériaux de la vie, accroissement de la richesse et du bien-être.

Mais qu'une guerre vienne à éclater sur un point quelconque de ce marché internationalisé, aussitôt une perturbation inévitable se produit et se propage dans toute son étendue. Les relations des pays en état de guerre avec les autres se ralentissent ou même subissent une interruption totale, au détriment des consommateurs aussi bien que des producteurs. Pendant toute la guerre de la Sécession, le coton des États-Unis a cessé d'arriver en Europe. Faute de cette matière première indispensable, un grand nombre de manufactures de cotonnades ont été réduites à chômer : des milliers d'ouvriers ont été privés de leurs moyens d'existence en Angleterre et dans les autres parties de l'Europe. Et cette crise de l'industrie cotonnière s'est aussitôt répercutée à des degrés divers sur la généralité des branches de la production. Car le revenu, partant le pouvoir d'achat des entrepreneurs, des capitalistes et des ouvriers qui y étaient engagés, ayant baissé, ils ont dû réduire leur demande de tous les articles qu'ils avaient l'habitude de consommer, et il en est résulté de proche en proche une diminution successive du pouvoir d'achat de l'ensemble des producteurs. Dans le marché des capitaux, la guerre engendre une perturbation analogue à celle qui bouleverse le marché des produits. Toutes les industries dont le débouché se resserre, en demandent moins ou deviennent moins capables de les rétribuer. A la vérité, la guerre en fait une consommation extraordinaire, et cet accroissement de la demande a pour effet d'en élever le prix de location. Mais ces capitaux que la guerre absorbe, à la différence des autres industries, elle ne les reproduit point, elle les détruit. S'ils avaient continué à être employés dans les industries productives, ils auraient contribué à l'accroissement général de la richesse. Employés à la guerre, ils disparaissent; mais ce qui ne disparaît point, c'est la nécessité d'en payer l'intérêt avec l'amortissement, et par conséquent de prélever sur la génération actuelle et les générations futures, jusqu'à ce qu'ils soient remboursés, des impôts qui non seulement dévorent une partie des revenus des contribuables, mais ralentissent le développement des entreprises productives dans lesquelles ils les puisent. Enfin, la guerre occasionne les mêmes perturbations et les mêmes déperditions dans le marché du travail. Elle enlève aux champs et aux ateliers des multitudes qui sont employées à détruire au lieu de produire; d'où une double perte : celle de la richesse qu'ils détruisent et celle de la richesse qu'ils manquent à produire.

La guerre inflige ainsi aux nations, maintenant solidarisées par l'échange, des dommages d'autant plus considérables que les liens qui les rattachent sont plus nombreux et plus étroits. Si l'on songe que les nations les plus avancées en industrie, l'Angleterre, l'Allemagne, la Belgique, la France, la Suisse, dépendent de l'étranger pour les moyens de subsistance d'une portion tous les jours croissante de leur population (en Angleterre et en Belgique, c'est déjà près d'un tiers), on s'expliquera qu'une guerre, en jetant la perturbation sur le marché universalisé de la production, mette en péril l'existence de plusieurs millions de familles. Bref, dans l'ancien état de l'industrie, la guerre n'était qu'une nuisance locale, dans l'état nouveau, elle est devenue une nuisance universelle.

Cependant, ce serait une illusion de croire que cette nuisance qu'il est dans la nature de la guerre de causer puisse opposer un frein suffisamment efficace aux passions et aux intérêts belliqueux. Il faut remarquer d'abord que cette nuisance est essentiellement inégale d'un pays à un autre, qu'elle est beaucoup moins grave et moins sensible dans les pays où le commerce est encore, en grande partie, localisé que dans ceux où il s'est internationalisé davantage. Il faut remarquer ensuite que la puissance de réaction des intérêts pacifiques et l'influence de l'opinion suscitée par ces intérêts ne sont pas moins inégales; enfin que les classes les plus intéressées au maintien de la paix n'ont qu'une notion vague et obscure des maux que la guerre peut leur causer et qu'elles sont, de plus, particulièrement sujettes à céder à l'entraînement des excitations belliqueuses.

Si nous cherchons quelle est la classe de la population qui a le mieux conscience de son intérêt en cette matière, nous reconnaîtrons que c'est incontestablement la classe capitaliste, et surtout la portion de cette classe dont la fortune consiste principalement en valeurs mobilières. Cela tient à ce que le dommage que la guerre lui inflige ne se fait pas attendre : il se manifeste même avant que la guerre ait éclaté par la chute rapide et presque foudroyante des fonds d'États et des valeurs industrielles. Les fauteurs de la guerre, patriotes ou chauvins, se plaisent, en cette occasion, à dénoncer l'égoïsme et le manque de patriotisme des capitalistes. Pendant la Révolution, ils avaient fait fermer la Bourse, et sous le premier Empire, Napoléon essayait mais en vain d'empêcher la baisse que provoquait sa politique, en employant les fonds du Trésor à des achats de rente et en menaçant les baissiers de sa colère. L'opinion de la multitude qui vit de son travail quotidien a, sur la politique des gouvernements, une influence bien moindre que celle de la classe dite capitaliste, et d'ailleurs, quoiqu'elle soit la plus intéressée au maintien de la paix, elle est facilement accessible aux excitations du chauvinisme. Toutefois, les ouvriers intelligents commencent à comprendre que les travailleurs ont plus encore que les capitalistes besoin de la paix, et au milieu de l'ivraie des idées fausses et subversives que le socialisme propage, l'opposition à la politique de guerre s'est glissée comme un épi de bon grain.

Enfin, le service militaire universalisé, en soumettant les classes aisées et influentes à la plus lourde et à la plus cruelle des servitudes, est certainement devenu un facteur important et actif de la politique de paix. Mais l'intérêt de la multitude qui fournit l'impôt du sang n'est-il pas balancé et au delà, dans les pays tels que l'Allemagne et la Russie, par celui de la classe bien autrement influente à laquelle la hiérarchie militaire fournit son principal débouché?

Si donc les intérêts pacifiques et l'opinion qu'ils déterminent l'emportent en Angleterre par exemple sur les intérêts belliqueux, on ne pourrait affirmer qu'il en soit de même sur le continent. On se plaît à considérer le partage des grandes puissances continentales en deux groupes à peu près égaux en forces comme une garantie de paix. Est-ce une garantie bien sûre? En tout cas, ce partage implique le maintien du lourd régime de la paix armée. Même en admettant que la question de l'Alsace-Lorraine vînt à être résolue, ce serait une illusion de croire que cette solution, si désirable qu'elle fût, eût pour conséquence le désarmement. D'autres causes de conflits existent et il en surgit tous les jours de nouvelles : questions d'Orient et d'extrême Orient, questions coloniales, etc., etc. L'affaiblissement ou la rupture de l'une des deux alliances concurrentes ne peut-elle même avoir pour résultat d'exciter l'autre à user de ses forces pour déchaîner la guerre?

En Amérique, la paix est-elle mieux assurée? Dans les États de l'Amérique du Sud, le gouvernement est entre les mains d'une oligarchie issue des *conquistadores* qui en accapare les fonctions civiles et militaires, qui est, par conséquent, intéressée à les multiplier et à laquelle une guerre heureuse procure un accroissement de débouché. Les populations qu'elle gouverne, composées d'Indiens, de nègres, de sangs mêlés et d'émigrants ne possèdent point une influence qui puisse balancer la sienne. Cette situation pourra, sans doute, se modifier à la longue par le développement de l'immigration et des industries productives. Mais, en attendant, la balance des influences penche visiblement du côté du maintien de l'état de guerre.

Aux États-Unis, les intérêts pacifiques sembleraient, en revanche, devoir posséder une influence tout à fait prépondérante. Cependant, dans l'affaire de la sécession, les intérêts protectionnistes du Nord ont apporté à la guerre un concours décisif, en faisant cause commune avec ceux des politiciens menacés comme eux d'un amoindrissement de leur débouché par la séparation des États du Sud. S'ils n'ont pas réussi encore à augmenter les effectifs de l'armée de terre et de mer, ils ont néanmoins porté les dépenses de guerre à un taux presque aussi élevé que celui des

États les plus militarisés de l'Europe, en faisant allouer aux vétérans plus ou moins authentiques de la guerre de la Sécession des pensions dont le montant, au lieu de s'abaisser, s'élève à mesure que la mort éclaircit les rangs de la génération qui a pris part à cette guerre[1]. C'est que ces pensions sont devenues une simple monnaie électorale. Vis-à-vis des puissances de l'Europe et en particulier de l'Angleterre, les politiciens américains se montrent, en toute occasion, rogues et agressifs : il n'a pas dépendu d'eux que les différends suscités par le Vénézuela et les pêcheries de Behring n'aboutissent à une rupture.

En ce moment même, ils s'efforcent de créer un mouvement d'opinion en faveur de l'établissement d'un système de fortifications des côtes et d'une augmentation de la marine militaire. Quoique la classe des politiciens ne forme qu'une infime minorité, la puissante organisation des partis entre lesquels elle se partage et qui ont, malgré leur lutte pour la conquête du pouvoir, un intérêt commun, celui de grossir le budget dont ils vivent, cette classe, disons-nous, supplée à son petit nombre par son activité dénuée de scrupules, et elle trouve dans les intérêts protectionnistes des auxiliaires zélés chaque fois que naît un différend entre l'Union et un État dont les produits font concurrence à ceux des industries indigènes. Pas

[1] Appendice. Note M. Les pensions de guerre aux États-Unis.

plus que la situation politique de l'Europe, celle de l'Amérique ne présente donc de solides garanties de paix.

Nous ne mentionnerons que pour mémoire la situation et les tendances actuelles des États de l'Asie et de l'Afrique. La Russie, au nord de l'Asie, l'Angleterre et la France au midi possèdent une puissance absolument prépondérante, qui va sans cesse s'étendant aux dépens des États indigènes et dont l'Allemagne s'apprête maintenant à prendre sa part. La conquête tartare au XVIIe siècle et récemment les guerres qui ont ouvert les ports chinois et la guerre sino-japonaise ont attesté le peu de résistance que la Chine pourrait opposer à une domination européenne. Le Japon lui-même n'est pas de taille à faire obstacle à l'extension inévitable de cette domination sur le continent asiatique. En Afrique, les races indigènes sont moins encore qu'en Asie capables de résister à l'invasion de la race blanche, mais, de même qu'en Asie, le partage de leurs immenses territoires demeure une cause permanente de conflits entre les puissances européennes.

Quelle conclusion faut-il tirer de cet aperçu de la situation politique des États civilisés au point de vue de la question de la paix ou de la guerre ? C'est que, dans tous ces États, quelle que soit la forme de leur gouvernement, monarchie absolue, constitutionnelle ou république, la direction des affaires publiques demeure entre les mains d'une classe intéressée à la persistance de l'état de guerre et de l'énorme et coûteux appareil de destruction qu'il nécessite ; c'est que la multitude intéressée à l'avènement d'un régime d'assurance permanente de la paix ne possède pas encore l'influence nécessaire pour déterminer les gouvernements à l'instituer.

Cependant l'état de guerre affecte d'autres formes encore que celle du militarisme. Il apparait, avec le même mobile intéressé sinon avec les mêmes procédés, dans le protectionnisme, l'étatisme et le socialisme. Une courte analyse de ces méthodes d'invasion du bien d'autrui nous en fournira la preuve.

CHAPITRE IX

LES AUTRES FORMES DE L'ÉTAT DE GUERRE. LE PROTECTIONNISME, L'ÉTATISME ET LE SOCIALISME

Modes divers de la conquête de la richesse. — Le protectionnisme. — Les dommages qu'il inflige aux consommateurs nationaux et aux producteurs étrangers. — Qu'il procède par voie de confiscation et que ses effets sont analogues à ceux de la guerre ordinaire. — Qu'il procure un bénéfice partiel et immédiat aux intérêts protégés aux dépens de l'intérêt général et permanent de la communauté civilisée. — L'Etatisme et le Socialisme. — Maux qu'ils causent et dangers dont ils menacent les sociétés. — Ce que coûtent aux classes industrieuses ces différentes formes de l'état de guerre.

La guerre consiste dans l'emploi de la force à l'acquisition des matériaux de la vie et du bien-être, soit qu'elle ait pour objet, comme dans les temps primitifs, l'anthropophagie et le pillage, ou, comme dans un état plus avancé, la conquête d'un territoire et l'assujettissement de sa population en vue des moyens de subsistance, autrement dit de la richesse, que cette conquête et cet assujettissement procurent sous forme de corvées et d'impôts en nature ou en argent. Aussi longtemps que la guerre a été l'agent nécessaire de la production de la sécurité, ce mode d'emploi de la force à l'acquisition de la richesse se trouvait, comme nous l'avons vu, pleinement justifié. Il a cessé de l'être depuis que les nations civilisées ont acquis une puissance productive et destructive qui les met à l'abri des atteintes des peuples pillards. Dans ce nouvel état de choses, la guerre impose aux classes qui emploient à la production leurs capitaux et leur travail, des charges que ne compense plus aucun service. Nous allons voir qu'il en est de même des modes d'acquisition de la richesse par la mise en œuvre de la force organisée de l'État. Partout, la classe qui dispose de cette force s'en est servie pour protéger ses intérêts particuliers au détriment de l'intérêt général de la nation et de la communauté civilisée. Cette protection se traduit par la levée d'un tribut annuel sur la généralité des matériaux de la vie, comme dans le cas du protectionnisme, par l'appropriation ou la confiscation des instruments qui servent à les produire comme dans le cas de l'étatisme et du socialisme. Mais, dans les deux cas, ceux qui abusent ainsi ou se proposent d'abuser de la puissance de l'État pour « conquérir » la richesse ne manquent pas de justifier leurs pratiques en invoquant l'intérêt même de la nation qu'ils dépouillent et au besoin de l'humanité qu'ils replongeraient dans la barbarie. Une courte analyse du protectionnisme, de l'étatisme et du socialisme nous montrera ce que vaut cette justification des succédanés du militarisme.

I. *Le protectionnisme* — Tous les gouvernements entourent d'une ceinture de douanes les territoires soumis à leur domination ; ils entretiennent une armée de douaniers chargés de percevoir les droits d'un tarif, ayant deux objets contradictoires : le premier de leur procurer le revenu le plus élevé possible, — ce sont les droits fiscaux, le second d'empêcher ou de restreindre l'importation d'un nombre plus ou moins considérable de produits, — ce sont les droits protecteurs; parfois encore à ceux-ci se joignent des prohibitions destinées à interdire totalement l'accès du territoire aux produits qu'elles frappent. Les droits de douane ont un caractère purement fiscal quand ils s'appliquent à des articles qui ne sont pas produits dans le pays, et un caractère à la fois fiscal et protecteur, — c'est le cas pour le plus grand nombre, — quand ils ont pour objet de préserver de la concurrence étrangère les produits des différentes branches de l'industrie nationale.

Laissons de côté le but fiscal des droits de douane; bornons-nous à remarquer que le tarif anglais, en grévant seulement une douzaine d'articles qui n'ont pas de similaires indigènes est aussi productif que la plupart des tarifs protecteurs, quoique ceux-ci s'appliquent à des milliers d'articles. Voyons aux dépens et au profit de quels intérêts fonctionne le régime protectionniste.

Il frappe immédiatement deux catégories d'intérêts, ceux des consommateurs nationaux et ceux des producteurs étrangers.

L'impôt ou la charge dont il grève les consommateurs nationaux consiste dans la différence du prix qu'ils sont obligés de payer pour les produits indigènes protégés et pour les produits étrangers frappés du droit protecteur, et du prix qu'ils payeraient sous un régime de libre-échange. Sur les articles de première nécessité et de consommation générale, la surcharge de prix, déterminée par la protection du blé seulement, dépasse en France 500 millions : sur l'ensemble des articles protégés, elle s'élève certainement à plusieurs milliards. Encore ne s'agit-il que de la surcharge actuelle. Car le régime protectionniste ayant pour effet de restreindre les débouchés de toutes les industries fait obstacle à leurs progrès, et, par là même, à l'abaissement du prix de leurs produits.

Avec les consommateurs nationaux, le protectionnisme atteint les industries étrangères qui produisent les articles demandés par eux. Deux cas peuvent se présenter lorsqu'un tarif protecteur vient à être établi ou exhaussé. Ou l'industrie étrangère ne contribuait pas encore à alimenter la consommation nationale, et alors elle n'est atteinte que dans son développement à venir, ou, ce qui est le cas général et qui motive d'habitude l'établissement ou l'exhaussement d'un tarif protecteur, elle contribue dans une proportion quelconque à l'approvisionnement de la consommation nationale. Dans ce cas, le tarif protecteur lui inflige un dommage positif : celui qui résulte de la confiscation partielle ou totale de sa clientèle au profit de l'industrie indigène. Supposons que sa part dans l'approvisionnement de la nation s'élève à 100 millions, que ses produits viennent à être frappés d'un droit ou d'un supplément de droits de 25 0/0 *ad valorem*, et que le prix s'en trouve ainsi exhaussé d'un quart, son débouché sera inévitablement réduit, tant par le fait de la diminution de la consommation sous l'influence de l'exhaussement du prix, que par l'accroissement de la part que l'industrie nationale protégée aura pu prendre dans l'approvisionnement, aux d pens de la sienne. La perte qu'elle subira de ces deux chefs sera plus ou moins grande selon que l'artic frappé par le tarif aura un caractère plus ou moin prononcé de nécessité et que l'industrie indigène sera plus ou moins capable de le produire. Sur une importation de 100 millions, elle sera de 10 ou de 20 millions, et elle s'accroîtra à mesure que l'industrie nationale, stimulée par la prime de la protection, ira se développant ; mais cette expropriation sans indemnité d'une portion de leur clientèle étrangère se traduira, quel qu'en soit le montant, par une diminution de profits pour les industriels qui en seront victimes. Elle ruinera un certain nombre d'entre eux et privera de travail et de salaires leurs ouvriers jusqu'à ce qu'ils aient réussi à trouver de l'emploi dans les autres branches de la production. Si l'on admet, — et cette estimation est au moins très approchante de la réalité, — que la création d'un million de produits fournit des revenus à un millier d'individus, entrepreneurs et ouvriers, une diminution de 20 millions dans l'exportation supprime les moyens d'existence de 20 mille familles, en appauvrissant d'autant la nation dont elles font partie.

En revanche, et c'est là ce qui explique la faveur dont jouit le régime de la protection et l'ardeur avec laquelle, dans les pays où la consommation est alimentée pour une part plus ou moins considérable par la production étrangère, les agriculteurs et les industriels qui produisent les mêmes articles réclament des droits protecteurs. C'est que la protection leur procure immédiatement un surcroît de bénéfices, et leur permet même de réaliser dans les premiers temps de grosses fortunes [1]. Si donc l'industrie étrangère a perdu, l'industrie nationale a gagné, si

[1] APPENDICE. Note N. La genèse des milliards aux États-Unis.

la première fournit moins de profits et de salaires à ses coopérateurs, entrepreneurs et ouvriers, la seconde en fournit davantage aux siens, et les industriels protégés ne manquent pas de se glorifier d'avoir enrichi la nation en s'enrichissant eux-mêmes.

A la vérité, les consommateurs, obligés de payer plus cher les articles protégés ne peuvent plus acheter la même quantité des autres, et il en résulte une diminution de la production des industries qui les fournissent, par conséquent moins de profits et de salaires. Mais à cela les protectionnistes répondent que l'exhaussement du prix n'est que temporaire, que les droits protecteurs, en attirant l'esprit d'entreprise et les capitaux dans l'industrie protégée y déterminent des progrès qui abaissent ses prix de revient, et que la concurrence intérieure ne tarde pas à faire descendre le prix du marché dans la proportion de l'abaissement du prix de revient, que s'il subsiste une différence permanente de prix entre les produits de l'industrie protégée et ceux que les consommateurs pourraient se procurer à l'étranger sous un régime de libre-échange, la privation qu'elle inflige aux consommateurs et le dommage que la diminution de leur pouvoir d'achat cause aux autres branches de la production sont amplement compensés, au point de vue de l'intérêt général de la nation, par l'acquisition ou le développement d'une branche d'industrie qui procure à la population un supplément d'emplois pour ses capitaux et son travail, et augmente d'autant la somme de ses moyens d'existence. En confisquant ainsi à l'industrie étrangère le débouché qu'elle s'était créé dans le pays pour le transférer à l'industrie indigène, on accroît visiblement la richesse et la puissance de la nation, tout en appauvrissant et en affaiblissant les nations étrangères, et c'est un double bénéfice.

Mais, quand on veut se rendre compte de la valeur d'un système économique ou autre, il ne faut pas se borner à en examiner les résultats partiels et immédiats, il faut en étudier les conséquences générales et futures. Si l'on se contente par exemple d'envisager les effets immédiats de la conduite d'un prodigue qui dissipe son capital en faisant la fête, on trouvera, sans aucun doute, qu'il augmente ses jouissances actuelles et fait aller le commerce de ceux et de celles qui les lui procurent, mais si l'on étend cet examen à l'avenir on reconnaîtra, d'une part, que si le prodigue a accru la somme de ses jouissances actuelles c'est aux dépens de son bien-être futur, et que la misère à laquelle il s'expose dans sa vieillesse fera pencher à son détriment la balance des plaisirs et des peines ; d'une autre part, que si le gaspillage de son capital a favorisé quelques branches d'industrie et de commerce, il a raréfié et renchéri les avances nécessaires à la production, au dommage de toutes.

On peut en dire autant du système protecteur. S'il procure un bénéfice partiel et immédiat, il cause un dommage général et permanent à tous les membres de la communauté civilisée, en leur double qualité de consommateurs et de coopérateurs de la production. Il suffit pour s'en convaincre, de jeter un simple coup d'œil sur les conséquences ultérieures de son application.

Les industries des nations qui ont successivement adopté le système protecteur se partagent en deux catégories bien distinctes : celles qui sont capables de défendre leur marché intérieur contre la concurrence étrangère et qui le prouvent en se créant une clientèle au dehors, dans les pays où aucun tarif ne les protège, et celles qui ne pourraient subsister sans la sauvegarde de la douane. Or qu'est-il arrivé à mesure que le système protecteur s'est généralisé ? C'est qu'il a encouragé partout les industries les plus faibles et découragé les plus fortes, celles qui répondent le mieux aux conditions naturelles du sol et du climat et aux aptitudes de la population, en les empêchant de se développer autant qu'elles auraient pu le faire sous un régime de libre-échange. En supposant qu'il réussit à atteindre pleinement son but, c'est-à-dire à fermer chaque pays aux industries concurrentes des industries indigènes, quel serait le résultat final ? Ce serait de réduire toutes les branches de la production à l'exploitation du marché national, et de restreindre ainsi le débouché des plus fortes pour étendre celui des plus faibles. D'où un double dommage pour le consommateur d'abord, consistant : 1° dans la différence du prix qu'il serait obligé de payer pour les produits des industries nationales les plus faibles, en comparaison de celui qu'il payerait pour ceux des industries les plus fortes de l'étranger ; 2° dans une autre différence, moins appréciable, mais certaine, du prix qu'il payerait aux industries nationales les plus fortes, et de celui qu'il leur fournirait, si le rétrécissement artificiel de leur débouché ne les empêchait point de recourir à une division plus économique du travail et à l'emploi d'un matériel plus puissant. D'où ensuite, pour les coopérateurs de la production, entrepreneurs et ouvriers, dans l'ensemble de la communauté civilisée, un autre dommage causé par l'abaissement général du pouvoir d'achat des consommateurs, conséquence naturelle de l'exhaussement artificiel des prix. L'abaissement du pouvoir d'acheter impliquant celui du pouvoir de produire, le résultat final du système protecteur généralisé serait un moindre développement de la production aussi bien que de la consommation.

A ces dommages inhérents au protectionnisme s'ajoutent encore ceux qui proviennent de l'instabilité des tarifs protecteurs. Chaque fois qu'une nation modifie son tarif soit par un relèvement ou par un abaissement des droits, — et ces modifications sont continuelles, — il en résulte une perturbation dans les débouchés, les uns se rétrécissant, les autres s'étendant, et une série de crises causées par le transfert d'une partie de ces débouchés d'un pays à un autre. De là un risque, toujours imminent, risque de ruine pour les entrepreneurs, de chômage pour les ouvriers, et la nécessité d'une assurance contre ce risque, sous la forme d'un exhaussement de la rétribution nécessaire du capital et du travail, qui augmente d'autant le prix des choses et diminue le pouvoir de les acheter.

Nous ne mentionnerons enfin que pour mémoire, malgré son influence délétère sur la moralité d'une nation, la coopération intéressée des politiciens à l'édification d'un système de protection. Les protectionnistes ont besoin du concours des politiciens pour obtenir le vote d'un tarif qui a pour objet et pour effet instantané d'augmenter leurs bénéfices. Les politiciens ont besoin du concours des protectionnistes pour acquérir ou renouveler leur mandat de fondés de pouvoirs de la nation, et jouir de tous les avantages matériels et moraux que ce mandat procure.

De là un troc en nature auquel se joint dans les pays neufs tels que les États-Unis où les politiciens et les industriels ne se laissent point arrêter par les traditions surannées de la morale du vieux monde, une soulte en argent destinée à pourvoir aux frais d'élection des candidats acquis à la protection. Ce trafic des votes et des lois n'a pas, comme nous venons de le voir, la vertu de contribuer à l'accroissement de la richesse des nations et il est permis de douter qu'il élève le niveau de leur moralité.

II. *L'Étatisme.* — Si le protectionnisme se propose pour objet d'augmenter les bénéfices d'une catégorie plus ou moins nombreuse de producteurs par la confiscation de la clientèle de leurs concurrents étrangers, l'étatisme a de même pour objet d'augmenter les ressources de l'État et l'influence de ceux qui le gouvernent, par la main mise sur les branches de travail appartenant au domaine de l'industrie privée. Tantôt, l'État s'en empare dans un but purement fiscal pour élever à son profit le prix de leurs produits, — c'est, en France, le cas du monopole du tabac et des allumettes; tantôt, au contraire, comme dans le cas de l'enseignement, il se propose d'abaisser le prix des services dont il s'empare dans le but de s'assujettir les intelligences et, dans ce cas, il travaille à perte. Sous l'influence des causes que nous avons analysées ailleurs [1], la capacité productive de l'État étant naturellement inférieure à celle de l'industrie privée, l'extension de l'étatisme détermine un renchérissement artificiel des produits ou des services, soit que les frais de production des industries d'État soient couverts directement par la surélévation du prix ou indirectement par l'impôt. C'est un renchérissement analogue à celui que cause le protectionnisme et qui engendre les mêmes conséquences, abaissement du pouvoir d'acheter et de produire et appauvrissement général de la nation.

III. *Le Socialisme.* — De même que le protectionnisme se sert de la loi pour confisquer la clientèle de l'industrie étrangère au profit de l'industrie nationale et l'étatisme pour faire main basse sur les branches de l'industrie privée qui sont à la convenance de l'État, le socialisme qui n'est, à bien le considérer, qu'une extension de l'étatisme, se propose d'employer le même procédé pour saisir l'État de la totalité des moyens de production et en faire ainsi le producteur et le distributeur universel de la richesse. Mais tandis que le protectionnisme et l'étatisme sont en plein exercice, le socialisme n'en est encore qu'à sa période d'incubation et de propagande. Comme il ne peut atteindre son but qu'à la condition de s'emparer

[1] Voir notre *Cours d'économie politique*, t. II, 12e *leçon*.

préalablement du pouvoir de faire la loi et, par conséquent, de déposséder les gouvernements établis, ceux-ci sont obligés de s'assurer contre ce risque. Dans certaines circonstances, lorsque l'invasion du socialisme semble particulièrement imminente, le taux de cette assurance s'élève soudainement à une hauteur extraordinaire. C'est le « spectre rouge », autrement dit la crainte plus ou moins fondée d'une révolution socialiste qui a suscité en France le coup d'État du 2 Décembre et la restauration de la dictature impériale. En tous temps, elle exige le maintien d'un coûteux appareil de défense contre l'invasion de la Barbarie intérieure, plus menaçante aujourd'hui que la Barbarie extérieure.

Le père de la principale secte du socialisme, Karl Marx, s'est évertué à démontrer que le travail crée une plus-value de moitié, qui lui est enlevée d'une manière subreptice par le capital. On pourrait démontrer, avec plus de vérité, que le travail subit une moins-value de moitié, du fait des charges que lui imposent le militarisme, le protectionnisme, l'étatisme et le socialisme.

CHAPITRE X

POSITION DU PROBLÈME DE LA PAIX. — COMMENT CE PROBLÈME PEUT ÊTRE RÉSOLU

Progrès qui ont rendu possible la solution du problème de la paix. — Comment la constitution d'un organisme collectif de garantie de la sécurité des nations supprimerait la plus grande partie du risque de guerre. — Que le droit de la guerre d'où ce risque procède a d'abord été absolu. — Servitudes et obligations qu'il imposait aux neutres. — Qu'il a été successivement limité sous l'influence de l'intérêt des neutres et des belligérants eux-mêmes. — Qu'il n'en a pas moins eu des effets de plus en plus nuisibles aux neutres. — Que la guerre ayant cessé d'être utile, ceux-ci ont acquis le droit d'intervenir pour l'empêcher. — Aperçu historique du droit d'intervention. — Qu'il s'est exercé d'abord pour maintenir l'équilibre des puissances. — La Sainte-Alliance. — Le Concert européen. — Deux modes d'application du droit d'intervention. — La Ligue des neutres. — L'association générale des États civilisés. — Conséquence de ce progrès : diminution énorme des frais de garantie de la sécurité extérieure des nations. — Pourquoi on ne peut s'attendre à sa réalisation prochaine.

Si, comme nous avons essayé de le démontrer, la guerre a été l'agent nécessaire de la production de la sécurité, — sans laquelle l'espèce humaine n'eût pu s'élever à la civilisation, — si les progrès qu'elle a suscités à la fois dans l'art de la destruction et dans celui de la production ont assuré, d'une manière définitive, les peuples civilisés contre le risque d'une destruction ou d'un recul causé par des invasions de barbares, si elle a été remplacée dans son office de propulseur du progrès par une autre forme, plus efficace et moins onéreuse, de la concurrence, si elle est désormais incompatible avec les nouvelles conditions d'existence que le développement de l'industrie et l'internationalisation des échanges ont faites aux sociétés civilisées, si, après leur avoir été utile, elle leur est devenue nuisible, enfin s'il est en leur pouvoir, sinon de supprimer complètement cette nuisance dans l'état actuel du monde, du moins de la réduire au minimum en cessant de se faire la guerre entre elles, la solution du problème de la paix n'apparaît plus comme une pure utopie, elle devient la plus désirable des réalités.

Posé dans ces limites, le problème de la paix implique seulement la suppression de la portion du risque de guerre afférente aux rapports des États civilisés. Mais cette portion est, de beaucoup, la principale et celle qui nécessite les neuf dixièmes au moins de l'énorme appareil d'assurance qui absorbe une part croissante des revenus des peuples civilisés et alourdit continuellement le fardeau de leurs dettes.

Supposons, en effet, que les États grands et petits

qui appartiennent à notre civilisation en Europe et dans le reste du monde n'aient plus à redouter d'autres attaques que celles des peuples qui échappent encore à leur domination, mais qui sont notoirement incapables de leur opposer une résistance sérieuse, supposons que la paix s'établisse sous la garantie d'une puissance collective, supérieure à toutes les puissances isolées, dans l'enceinte de cette immense communauté qui occupe déjà la plus grande partie du globe, il est évident que le risque extérieur contre lequel elle aura à se prémunir n'aura plus qu'une faible importance et qu'il suffira pour couvrir ce risque d'un appareil d'assurance réduit au minimum.

Il s'agit donc de savoir d'abord s'il est possible d'instituer un organisme collectif qui garantisse d'une manière sûre et permanente la paix entre les nations civilisées, ensuite en quoi devrait consister cet organe d'assurance de la paix.

Nous allons voir que cette solution du problème de la paix, si éloignée qu'elle nous paraisse encore, a été préparée de longue main par les progrès qui ont successivement limité le droit de la guerre.

Fondé sur l'intérêt des sociétés guerrières, lequel s'est accordé avec l'intérêt général de l'espèce aussi longtemps que la guerre a été l'agent nécessaire de l'établissement de la sécurité, le droit de la guerre a commencé par être absolu et illimité. A l'origine et pendant une longue durée de siècles, les coutumes, dont l'ensemble constitue le droit des gens, ont mis les vaincus complètement à la merci des vainqueurs, et jusqu'à nos jours elles ont imposé aux neutres à l'égard des belligérants des obligations qui dépassent beaucoup en nombre et en importance les obligations des belligérants à l'égard des neutres. Cela tenait à ce que la guerre était l'industrie des sociétés les plus fortes et leur fournissait leurs moyens d'existence, soit par la destruction et le pillage ou l'asservissement et l'exploitation des plus faibles. Toute restriction au droit que la guerre conférait sur la vie et la propriété des vaincus, tout empêchement au plein exercice de ce droit de la part des tiers, toute intervention de ceux-ci en faveur de l'un ou l'autre des belligérants était reprouvée comme pourraient l'être aujourd'hui les atteintes à la liberté de l'industrie et à l'exercice loyal de la concurrence. Car les sociétés qui vivaient de la guerre étaient intéressées, d'une part, à recueillir tous les profits qu'il était dans sa nature de procurer, d'une autre part, à empêcher que la balance des forces et les chances de l'emporter dans la lutte ne fussent pas troublées par l'intervention ou les secours d'un tiers, — ce qui aurait dérangé toutes les prévisions et faussé tous les calculs qui les déterminaient à s'engager dans une entreprise de pillage ou de conquête. Or il ne faut pas oublier que les tiers, spectateurs d'une guerre, se transformaient fréquemment en acteurs. On découvre ainsi la raison d'être des sacrifices humains offerts aux Divinités des premiers âges, des servitudes et des obligations imposées aux neutres et acceptées par eux sans résistance : interdiction de fournir aux belligérants du personnel et du matériel de guerre, en comprenant même dans le matériel les approvisionnements de subsistances, servitudes restrictives du commerce des neutres, telles que le blocus des ports et des côtes, défense de faire transporter leurs marchandises par un navire ennemi ou de laisser transporter sur leurs navires les marchandises ennemies, etc., etc., le tout sous peine de confiscation ou d'indemnités proportionnées au dommage causé. Ces servitudes et ces obligations étaient, au surplus, fort peu onéreuses à l'époque où le commerce ne franchissait que rarement les frontières de chaque pays, et où les intérêts qui les commandaient dépassaient singulièrement en importance et en influence ceux qui les subissaient et auxquels elles portaient dommage.

C'est l'intérêt des belligérants eux-mêmes et plus tard celui des neutres, qui ont déterminé la limitation successive du droit de la guerre, en attendant que l'intérêt de la communauté civilisée en commande la suppression.

Au lieu de massacrer leurs prisonniers et de les

offrir en holocauste à leurs divinités, les belligérants ont fini par trouver plus d'avantage à les restituer moyennant rançon ou à les échanger, en tenant compte de la différence de valeur, signalée par le rang ou le grade des captifs. C'est, de même, leur intérêt qui les a portés à respecter la vie et la propriété des populations inoffensives et à épargner les villes ouvertes, l'expérience leur ayant appris que leurs approvisionnements étaient mieux assurés et leurs opérations moins entravées, lorsqu'ils s'abstenaient d'user dans toute sa brutalité du droit de la guerre à l'égard des habitants désarmés d'un pays envahi. Cependant, il faut remarquer que chaque fois que les belligérants trouvent plus d'avantage à massacrer leurs prisonniers, à détruire les propriétés privées ou à les livrer au pillage, ils ne s'en font point faute. Telle est, même de nos jours, la manière d'agir accoutumée des peuples qui se qualifient de civilisés dans leurs luttes avec ceux auxquels ils prétendent apporter les bienfaits de la civilisation.

Les servitudes et les obligations imposées aux neutres en vertu du droit de la guerre ont été de même allégées à mesure que le développement du commerce international les leur a rendues plus dommageables. Les nations qui s'en trouvaient particulièrement atteintes se sont liguées à diverses reprises pour en exiger la réforme, et elles l'ont obtenue sur plusieurs points : les belligérants ont renoncé au droit de saisir les marchandises neutres à bord d'un navire ennemi et les marchandises ennemies à bord d'un navire neutre; le blocus des ports et des côtes n'a été reconnu qu'à la condition d'être effectif, et l'on a limité, dans quelque mesure, le nombre des articles déclarés contrebande de guerre[1]. Au surplus, l'internationalisation du crédit, qui a suivi celle du commerce, a rendu, en grande partie, caduques ou illusoires les défenses faites aux neutres de fournir des secours aux belligérants; si l'on peut leur défendre de vendre aux États en guerre des fusils, des canons et des explosifs, il est devenu pratiquement impossible de leur interdire toute participation aux emprunts qui fournissent les capitaux avec lesquels se produisent ou s'achètent les fusils, les canons et les explosifs[2].

Malgré ces réformes limitatives du droit de la guerre, l'exercice de ce droit est devenu de plus en plus nuisible pour les neutres. Nous avons signalé déjà les dommages que la guerre de la sécession américaine a infligés aux populations auxquelles

[1] APPENDICE. Note O. Les lois de la guerre. Une lettre de M. de Moltke et la réponse de M. Bluntschli.

[2] Voir : Les progrès réalisés dans les coutumes de la guerre. *Journal des Economistes*, août et septembre 1854. Reproduit dans les *Questions d'économie politique et de droit public*, t. II, p. 277.

l'industrie cotonnière fournit leurs moyens d'existence et la crise générale qu'a fait éclater la guerre franco-allemande. Qu'une guerre mette aux prises les puissances qui font partie de la Double et de la Triple-Alliance, les neutres en subiront dans le monde entier le contre-coup et les dommages. C'est par milliards que se compteront les pertes causées par l'interruption de leur commerce et la baisse de leurs valeurs, et par millions les entrepreneurs, les employés et les ouvriers que la crise de guerre privera de leurs moyens d'existence.

Or si la guerre a cessé d'être utile à la communauté civilisée depuis que les progrès combinés des arts de la destruction et de la production l'ont mise à l'abri des invasions des barbares, si les dommages croissants qu'elle cause aux neutres ne peuvent plus être justifiés par aucune raison d'utilité générale ou de force majeure, — car toute guerre entre peuples civilisés dépend de leur volonté intelligente et peut, en conséquence, être évitée, — les neutres ont le droit soit de réclamer une indemnité pour ces dommages, soit d'intervenir et de se liguer pour empêcher la guerre qui en est la source.

Ce droit d'intervention et de coalition n'a pas été exercé seulement par les neutres pour obtenir la réforme des servitudes imposées à leur commerce, il l'a été et n'a pas cessé de l'être par les puissances assez fortes pour s'en prévaloir, qui ont jugé que la guerre et ses résultats étaient en opposition avec leurs intérêts. Il a été invoqué, à l'origine, pour empêcher un État d'acquérir une supériorité de forces, menaçante pour la sécurité et l'indépendance des autres; il a été mis en œuvre contre la domination envahissante de la Maison d'Autriche et plus tard contre celle de l'empire Napoléonien; il a servi de base à la Sainte-Alliance et à la constitution, d'ailleurs intermittente et précaire, du Concert européen.

Les puissances qui ont usé et qui continuent d'user du droit d'intervention ne se préoccupaient point, à la vérité, de savoir si l'intérêt particulier auquel elles obéissaient était ou non conforme à l'intérêt général de la communauté civilisée. Les interventions et les coalitions, destinées à défendre l'équilibre européen contre un agrandissement excessif qui menaçait de le rompre, étaient provoquées uniquement par l'intérêt des coalisés. La Sainte-Alliance, inspirée d'abord par un sentiment religieux et humanitaire, n'a pas tardé à se transformer en une assurance mutuelle contre le risque des révolutions. Le Concert européen, qui comprend actuellement les grandes puissances à l'exclusion des petites, intervient moins pour empêcher la guerre que pour reviser celles des conditions de la paix qui lui paraissent de nature à accroître d'une manière dangereuse pour les autres

États la puissance du vainqueur, comme dans le cas de la revision du traité de San-Stefano ou du règlement des conditions de la paix entre la Turquie et la Grèce. Mais, quels que soient les mobiles auxquels obéissent ceux qui l'exercent, le droit d'intervention se fonde, en dernière analyse, sur l'intérêt commun des nations, et l'on conçoit qu'il puisse s'étendre et finir par se superposer entièrement au droit de la guerre, lorsqu'il sera devenu évident que la guerre entre les peuples civilisés est désormais contraire à l'intérêt général et permanent de la civilisation.

Ce progrès peut s'accomplir de deux manières, soit par l'association et l'intervention des nations les plus intéressées à la conservation de la paix, et la constitution, en Europe d'abord, d'une ligue des neutres qui joindrait ses forces à celles de la Double ou de la Triple-Alliance dans le cas où l'une ou l'autre de ces puissances associées prendrait l'initiative d'une rupture de la paix, et qui rendrait, par là même, la guerre impossible [1]; soit par un accord et une association de toutes les puissances, qui prendraient l'engagement de remettre la solution de leurs différends à un tribunal, dont les verdicts seraient sanctionnés par une force collective supérieure à celle de l'État ou des États contre lesquels le verdict aurait été prononcé, et les contraindrait au besoin à s'y soumettre. Mais

[1] APPENDICE. Note B. La ligue des neutres.

dans l'un et l'autre cas, — et selon toute apparence la constitution d'une association permanente de la paix serait déterminée par l'intervention d'une Ligue des neutres, — dans l'un et l'autre cas, disons-nous, les énormes armements que nécessite le risque d'une guerre entre les États civilisés pourraient être réduits aux proportions de l'appareil de défense destiné à garantir la sécurité extérieure de la communauté civilisée, ce qui impliquerait une diminution des neuf dixièmes et davantage de l'ensemble des budgets de la guerre[1].

[1] Si l'on examine la valeur des services que les gouvernements rendent aux nations et si on la compare au prix dont elles les paient, sous forme d'impôts directs et indirects fournis tant au gouvernement lui-même qu'aux catégories privilégiées dont il protège les intérêts aux dépens des autres, on sera frappé de l'écart énorme qui existe entre cette valeur et ce prix. L'article principal qu'une nation demande à son gouvernement, c'est la sécurité. Or cet article, assurément de première nécessité, — car, lorsqu'il fait défaut, chacun n'étant plus assuré de jouir des fruits de son travail et de sa peine, cesse de travailler ou ne travaille plus que le moins possible, — cet article, disons-nous, pourrait être produit, dans l'ensemble des pays civilisés, à un prix singulièrement réduit, tandis qu'il va, au contraire, renchérissant tous les jours.

La sécurité des États civilisés est exposée à deux risques, dont l'un peut être supprimé, c'est celui qui résulte du maintient de l'état de guerre entre eux, tandis que l'autre, celui qui résulte du danger des agressions des peuples demeurés en dehors du domaine de la civilisation subsistera aussi longtemps que ce danger. Mais il faut remarquer que l'un et l'autre se sont successivement affaiblis. La guerre entre les peuples civilisés n'entraîne plus aujourd'hui le massacre, le pillage et l'as-

Tel est le progrès qu'imposera l'incompatibilité de plus en plus manifeste qui existe entre l'état de guerre et les nouvelles conditions d'existence des sociétés civilisées. Mais est-ce à dire que ce progrès doive s'accomplir aussi prochainement que le souhaitent les amis de la paix? Si l'on examine et si l'on compare la puissance de la classe immédiatement intéressée au maintien de l'état de guerre et au coûteux appareil qu'il nécessite, à celle des classes bien autrement nombreuses mais politiquement moins influentes qui sont intéressées à la conservation de la paix et au désarmement, on demeure malheureu-

servissement des vaincus, mais seulement une occupation temporaire, pendant laquelle la vie et la propriété de la population civile sont généralement respectées, ou bien encore, au pis aller, une annexion, qui n'implique qu'un simple changement — lequel n'est même pas toujours une aggravation — du régime politique et fiscal, sous lequel elle vit. A la vérité, les gouvernements modernes, à la différence de leurs prédécesseurs, s'ingénient à rendre ce changement de moins en moins supportable, en imposant leur législation et même leur langue aux pays annexés, mais les conséquences de la conquête ne s'en sont pas moins adoucies avec les progrès de la civilisation. Quant au risque des aggressions ou des invasions des peuples barbares, il s'est progressivement abaissé et il est devenu presque une quantité négligeable depuis que les progrès de l'art de la destruction et des industries productives qui lui fournissent les ressources nécessaires, ont assuré la prépondérance des peuples civilisés. Si donc le risque de guerre venait à être supprimé dans leur domaine, — et c'est là un progrès qu'il dépend d'eux de réaliser, — la garantie de la sécurité de la civilisation n'exigerait certainement pas une dépense annuelle de plus d'une centaine de millions.

sement convaincu que ce sera seulement à la suite des effroyables désastres d'une nouvelle et grande guerre que les intérêts pacifiques pourront prendre le dessus et exiger des gouvernements la création d'un organisme de la paix.

CHAPITRE XI

CONSÉQUENCES DE LA SUPPRESSION DU RISQUE DE GUERRE AU SEIN DE LA COMMUNAUTÉ CIVILISÉE. CONCLUSION.

Autres progrès résultant de la suppression du risque de guerre entre les peuples civilisés. — Limitation du droit souverain des gouvernements sur la vie et la propriété de leurs sujets. — Réforme devenue possible du système des impôts. — Rattachement des contributions à leur objet. — Suppression du régime de la sujétion. — Raison d'être historique de ce régime. — Pourquoi il a continué de subsister. — Conséquences de la levée des servitudes politiques qu'il impose. — Progrès moral résultant de la disparition des nécessités sur lesquelles se fondaient la raison d'État et ses pratiques. — Obstacles à la solution du problème de la paix. — Opposition de l'intérêt particulier et immédiat des classes gouvernantes avec l'intérêt général et permanent des nations. — Analogie de leur situation avec celle des ouvriers en présence de l'invention d'une machine nouvelle. — Comment leur opposition peut être et sera finalement vaincue. — Les deux périodes d'existence de la guerre. — Sa grandeur et sa décadence.

C'est une observation qui a été faite souvent, que tout progrès réalisé dans une branche quelconque de l'activité humaine en engendre d'autres, en fournissant soit à une science, soit à une industrie, des notions, des agents ou des matériaux indispensables à son développement ultérieur. Le jour où les nations civilisées substitueront au coûteux appareil de la garantie isolée de leur sécurité extérieure, un appareil économique de garantie collective, d'autres progrès, que l'on considère actuellement comme chimériques, pourront être réalisés dans leurs institutions politiques et dans leur régime fiscal.

Il deviendra possible, en premier lieu, de limiter le droit souverain que les gouvernements n'ont pas cessé de posséder sur la vie et la propriété de leurs sujets. Ce droit se fonde sur le risque dont la guerre menace l'existence des nations. Aussi longtemps que ce risque demeure flagrant et illimité, il est nécessaire que les gouvernements possèdent le droit illimité aussi d'imposer à leurs sujets toutes les charges et tous les sacrifices, y compris celui de la vie, qu'exige le salut commun. Mais du moment où le système de la garantie collective de la sécurité de la communauté civilisée viendra remplacer le système de la garantie isolée des États, où le risque de guerre ne consistera plus que dans l'éventualité des agressions des peuples demeurés en dehors du domaine de la civilisation, l'assurance de ce risque n'exigera plus qu'une prime non seulement réduite, mais à peu près fixe et réductible à mesure que s'étendra la domination des peuples civilisés. Dans ce nouvel état des choses, le droit illimité des gouvernements sur la vie et la propriété de leurs sujets cessera d'avoir sa raison d'être. La garantie de la sécurité extérieure qui peut exiger aujourd'hui des sacrifices pour ainsi dire sans limites dans le cas d'une guerre entre peuples civilisés, ne demandant plus qu'une somme limitée, l'exercice du droit de taxer pourra être abaissé à cette limite. Alors, au système d'impôts sans rapport avec les services rendus, et dont ceux qui les établissent comme ceux qui les paient ignorent l'incidence, véritable masse noire où les gouvernements puisent jusqu'à l'extinction des facultés des imposés, on pourra substituer un système de contributions rattachées à chaque service, à commencer par le service de la sécurité extérieure, désormais susceptible d'évaluation et ne comportant plus que des réductions au lieu d'augmentations de dépenses. Si l'on songe que ce service absorbe actuellement la plus grosse part des revenus publics de la plupart des nations civilisées pour l'entretien de leur appareil défensif et offensif, l'intérêt et l'amortissement des dettes causées par la guerre, on aura une idée de l'énorme économie qu'il leur sera possible de réaliser de ce chef. En outre, le rattachement des contributions à leur objet permettra aux contribuables de juger si la prime qu'ils paient pour la garantie de leur sécurité et pour les autres services collectifs que leur rend le gouvernement est proportionnée ou non à la valeur de ces services, comme il arrive pour les articles de leur consommation individuelle. Ce sera, selon toute apparence, la fin de l'étatisme et du protectionnisme.

En second lieu, un autre progrès, plus considérable encore, deviendra possible : nous voulons parler de la suppression du vieux régime de la sujétion, toujours subsistant même chez les peuples qui se croient le plus libres. Ce régime d'appropriation politique était en effet, et n'a pas cessé d'être, dans les républiques aussi bien que dans les monarchies, une nécessité inhérente à l'état de guerre. Il remonte, comme nous l'avons vu, à l'époque où les progrès qui ont donné naissance à l'agriculture et aux premiers métiers ont rendu l'exploitation régulière et permanente des populations incapables de se protéger elles-mêmes, plus avantageuse que le pillage. Les variétés les plus fortes de la race humaine s'assujettirent les plus faibles ; elles fondèrent des établissements ou des États, et vécurent du produit net du travail de la population appropriée, qu'ils percevaient sous forme de corvées et de redevances en nature ou en argent. Cette propriété que les plus forts avaient conquise et qui leur fournissait leurs moyens de subsistance, ils étaient intéressés au plus haut point à la défendre et à l'augmenter. Ils se trouvèrent ainsi en concurrence, et nous avons vu aussi que cette concurrence a déterminé, entre autres progrès, l'émancipation des classes assujetties. Celles-ci les ont dépossédées à leur tour, au moins dans les pays où leur puissance s'était particulièrement accrue, grâce au développement de leur industrie. Après avoir été la propriété d'une caste ou d'une maison, l'État est devenu la propriété de la nation, avec tous les droits de souveraineté qui y étaient afférents, y compris le droit de la guerre. Mais faute de pouvoir gouverner elle-même son État, la nation a constitué ou accepté un gouvernement, chargé de pourvoir à sa sécurité et de lui rendre divers autres services. Le droit de la guerre continuant de subsister sous ce nouveau régime et de demeurer illimité, les gouvernements ont dû s'assurer contre le risque de guerre demeuré illimité aussi. D'où la nécessité de conserver et d'accroître autant que possible leur puissance offensive et défensive, et par conséquent de concentrer leurs forces et d'empêcher toute séparation, toute scission d'une portion quelconque des populations qui les fournissent. C'était là une servitude imposée à chacune des parties constitutives de la nation dans l'intérêt de la généralité. Mais supposons que le droit de la guerre et avec lui le risque de guerre viennent à être limités, que la sécurité de la communauté civilisée soit garantie par une puissance collective, supérieure à n'importe quelle puissance isolée, aussitôt la situation change : la sécurité des nations les plus faibles se trouve assurée à l'égal de celle des nations les plus fortes ; en conséquence, aucun gouvernement ne peut plus invoquer la nécessité du salut commun pour interdire à l'une ou l'autre des parties de se séparer du tout en vue de constituer une nation autonome ou se réunir à quelque autre. On peut concevoir encore que sous ce régime de libre association politique, les nations adoptent un mode d'organisation de leurs services collectifs analogue à celui des industries qui pourvoient à la consommation individuelle de leurs membres, et que la concurrence agisse de même pour en améliorer la qualité et en abaisser le prix.

Enfin, si la sécurité des États civilisés, petits ou grands, était également garantie par une puissance collective, s'ils n'avaient plus à se prémunir entre eux contre le risque de guerre, ils pourraient renoncer aux pratiques véreuses, telles que la corruption et l'espionnage auxquelles ils ont recours, soit pour assurer leur défense, soit pour préparer une agression. De même, si la sécurité extérieure était assurée et si le régime de l'association libre venait à remplacer celui de l'association imposée et de la sujétion, la police politique perdrait sa raison d'être et la morale de l'État cesserait d'être en opposition flagrante avec celle dont il est chargé d'imposer l'observation.

Cependant, on ne peut s'attendre à ce que la classe

intéressée d'une manière immédiate, sinon permanente, à la conservation et à la perpétuité de l'état de guerre, consente à accepter de plein gré des progrès qui portent atteinte à ses moyens d'existence. A cet égard, sa situation et ses dispositions ne diffèrent pas de celles des ouvriers auxquels l'introduction d'une machine nouvelle cause un dommage actuel, bien qu'elle doive finalement contribuer à améliorer leur sort. Si les ouvriers fileurs ou tisserands avaient eu le pouvoir d'empêcher la mise en œuvre des métiers mécaniques,nous en serions encore au rouet et aux métiers à la main. Si les propriétaires de diligences et les aubergistes avaient été les maitres d'opposer leur veto aux progrès de la locomotion, nous attendrions encore les chemins de fer. Or, la classe gouvernante des États possède le pouvoir qui faisait défaut aux ouvriers fileurs et tisserands, aux propriétaires de diligences et aux aubergistes. Elle peut, à son gré, enrayer des progrès qu'elle jugerait contraires à son intérêt et on ne doit pas se bercer de l'espoir qu'elle consente volontairement à faire prévaloir, sur cet intérêt particulier et immédiat, l'intérêt général et permanent de la nation, bien que le sien y soit compris.

Si donc les multitudes qui supportent le poids écrasant de la vieille machinerie de l'état de guerre veulent en obtenir la réforme, il faut d'abord qu'elles aient conscience des maux et des charges qu'elle leur inflige et qu'elles sachent les rattacher à leur véritable cause, ensuite qu'elles acquièrent une puissance d'opinion capable de surmonter toutes les résistances. C'est pourquoi cette réforme sera peut-être attendue longtemps encore, mais elle n'en est pas moins inévitable, car la paix est la condition nécessaire d'existence des sociétés présentes et futures comme la guerre était celle des sociétés du passé.

Aussi longtemps que la guerre a été l'agent indispensable de la production de la sécurité et le véhicule du progrès, elle a été considérée, à bon droit, comme la manifestation la plus haute et la plus noble de l'activité humaine : les hommes de guerre ont été l'objet de l'admiration enthousiaste des peuples et, dans la lointaine antiquité, ils étaient rangés parmi les Dieux. La guerre était alors dans sa période de grandeur. Mais depuis que sa tâche de destruction des obstacles à l'établissement de la sécurité est achevée et qu'elle a été remplacée, comme véhicule du progrès, par une autre forme à la fois plus efficace et moins onéreuse de la concurrence; depuis, en un mot, qu'elle a cessé d'être « utile », elle a perdu son prestige, et tous les efforts que l'on a pu faire pour le lui rendre ont échoué. Après avoir eu sa période de grandeur, elle est entrée dans sa période de décadence et elle est destinée à disparaître pour faire place à la paix qu'elle a rendue possible.

III

APPENDICE

APPENDICE

A. P. 64. — Les zones dangereuses d'un champ de bataille.

Où commence aujourd'hui un champ de bataille et où finit-il? A ces questions, le colonel Cherfils répond de la manière suivante :

Le champ de bataille finit à la ligne même de l'ennemi et commence là où la mort commence, à la portée efficace du canon, à 3,000 mètres.

Le canon peut porter à 5,000 mètres, mais la vue a sa limite plus rapprochée; et le terrain avec ses couverts et ses accidents intervient, après la vue, pour rapprocher encore cette première lisière du champ de bataille.

A 3,000 mètres, les trois armes de destruction interviennent, successivement : le canon, le fusil, le *moral;* elles divisent ainsi le champ de bataille en trois zones successives :

1° La zone du canon, de 3,000 à 1,500 mètres. A 1,500 mètres, en effet, commence la portée utile du fusil d'infanterie. C'est donc au canon à travailler dans cette première zone et quand on entre dans la zone du fusil, il faut que le canon ait triomphé du canon ennemi pour préparer ainsi l'action de destruction du fusil.

2° La zone du fusil, de 1,500 à 700 mètres. Cette

deuxième zone est limitée ainsi logiquement à la portée décisive du fusil, qui est à 700 mètres. La ligne d'approche, d'usure sur tout le front de la bataille, s'arrête là.

Plus loin, on est mort si l'on y va !...

3° De 700 mètres à 0 mètre. Il faut pourtant bien y aller. Il n'y a rien de fait sans cela. On ne peut logiquement franchir cette zone de la mort qu'après avoir désarmé l'ennemi. Pour cela il faut l'écraser sous une pluie de feu et ébranler à ce point son moral que, lorsqu'il verra s'avancer sur lui les masses serrées, silencieuses et menaçantes sur lesquelles luiront les éclairs des baïonnettes, il n'ait plus qu'à jeter ses armes et à fuir. Voilà pourquoi, après la préparation terrible qui est comme le dernier mot des armes de destruction, il n'y a plus place qu'à l'arme morale. C'est la zone de l'assaut, c'est la marche à la mort pour laquelle il faut des poitrines découvertes et des cœurs d'airain...

B. P. 74. — Les sociétés de la paix.

De tous temps la propagande de la paix a été faite par des apôtres éclairés et bienveillants de la religion et de la philosophie ; mais c'est seulement à une époque récente que des associations ont été instituées spécialement pour cet objet. C'est à la fin de la guerre qui a désolé le monde au commencement de notre siècle, que la première Société de la paix a été fondée aux États-Unis. L'idée en fut suggérée d'abord dans un pamphlet intitulé : « *Solemn review of the custom of war* » (*Revue solennelle de la pratique de la guerre*; 1814). Ce pamphlet, qui parut sous le voile de l'anonyme, avait pour auteur le docteur Noah

Worcester. En août 1815, la « Société des Amis de la Paix de New-York » fut instituée par un petit nombre d'hommes bienveillants, appartenant à la secte des quakers. Dans le mois de décembre suivant, la société de la paix de l'Ohio et celle du Massachusetts virent successivement le jour. En 1816, le mouvement qui venait de prendre naissance chez les dignes quakers de l'Union américaine se propagea en Angleterre. Le 14 juillet de cette année, la « Société pour l'établissement de la paix permanente et universelle » était fondée à Londres.

Ces diverses associations se proposèrent principalement pour objet « de répandre des petits livres (*tracts*) et des adresses démontrant que la guerre est inconciliable avec l'esprit du christianisme et les vrais intérêts de l'humanité, et indiquant les moyens les plus efficaces pour maintenir une paix permanente et universelle sur la base des principes chrétiens. » Nous citons les termes mêmes de leurs programmes. Les ressources de la Société de Londres s'élevèrent, pendant la première année de son existence, à 212 liv. st. Dans la même année, son comité fit répandre 32 mille *tracts* et 14 mille adresses ; elle se mit aussi en communication régulière avec les Sociétés de New-York et du Massachusetts. L'année suivante, les imprimés répandus atteignirent le nombre de 100 mille, plusieurs de ces imprimés furent traduits en français, en espagnol et en allemand, et distribués sur le continent. La Société du Massachusetts fit également pénétrer des milliers de *tracts* en France, en Russie, dans l'Inde et aux îles Sandwich. En 1820, celle-ci ne comptait pas moins de 12 succursales, et 15 associations semblables fonctionnaient aux États-Unis. En 1821, la *Société de la morale chrétienne* fut instituée à Paris, en partie pour propager l'idée de la paix. En 1830, le comte de Sellon établit une société de la paix à Genève, laquelle entreprit la publication d'un journal intitulé : *les Archives de la société de la paix à*

Genève. Depuis plusieurs années déjà, l'association de Londres publiait le *Herald of peace*. La propagande de l'idée de la paix se faisait ainsi peu à peu, mais sans acquérir une grande notoriété, lorsqu'en 1843 les sociétés de la paix des deux mondes résolurent de tenir à Londres une convention universelle, pour donner plus d'unité au mouvement et lui procurer une publicité plus étendue. Cette convention, formée des délégués des sociétés de la paix, se réunit au mois de juillet 1843, sous la présidence de M. Charles Hindley ; M. de La Rochefoucauld-Liancourt, président de la Société de la morale chrétienne, y assistait. Les membres de la convention décidèrent qu'une adresse serait envoyée à tous les gouvernements civilisés, pour leur persuader d'introduire dans leurs traités de paix ou d'alliance une clause par laquelle ils s'engageraient, en cas de dissentiment, à accepter la médiation d'un tiers désintéressé. Cette adresse fut présentée au roi Louis-Philippe, qui fit un excellent accueil aux délégués du congrès. « La paix, leur dit-il, est le besoin de tous les peuples, et, grâce à Dieu, la guerre coûte beaucoup trop aujourd'hui pour qu'on s'y engage souvent, et je suis persuadé qne le jour viendra où, dans le monde civilisé, on ne la fera plus. » Au mois de janvier 1848, la même adresse fut présentée au président des Etats-Unis par M. Beckevith, secrétaire de la société centrale de la paix d'Amérique. Le président fit remarquer aux délégués que la tendance naturelle des gouvernements populaires était de maintenir la paix. « Que le peuple soit instruit, dit-il, et qu'il jouisse de ses droits, et il demandera la paix, comme indispensable à sa prospérité. »

En 1848 (20, 21 et 22 septembre), une seconde convention, qui prit cette fois le nom de Congrès de la Paix, eut lieu à Bruxelles sous la présidence de M. Aug. Visschers. Diverses résolutions relatives à l'arbitrage, à l'établissement d'un congrès des nations, etc., furent adoptées par le congrès de Bruxelles. Ces résolutions furent présentées le 30 octobre suivant à lord John Russell, alors premier ministre. Lord John Russell applaudit beaucoup à la pensée qui avait présidé à la formation du congrès de la paix, et il déclara que, dans le cas d'un différend avec une nation étrangère, si celle-ci proposait à la Grande-Bretagne d'en référer à un arbitrage, le gouvernement croirait toujours de son devoir de prendre en considération une semblable demande. Les membres du congrès de Bruxelles s'étaient donné rendez-vous l'année suivante à Paris. Dans l'intervalle, M. Richard Cobden présenta au parlement britannique (séance du 12 juin 1849) une motion tendant à établir le principe de l'arbitrage dans les traités qui seraient conclus à l'avenir entre l'Angleterre et les autres nations. Cette motion obtint une minorité de 79 voix sur 288. Le congrès qui eut lieu à Paris, au mois d'août suivant (22, 23 et 24 août 1849), sous la présidence de M. Victor Hugo, et qui fut en grande partie organisé par les soins de M. Joseph Garnier, l'un des secrétaires, fut des plus brillants; plus de 500 Anglais, une cinquantaine d'Américains, dont quelques-uns appartenaient aux États les plus reculés de l'ouest, sans parler des autres étrangers et d'un nombreux public français, y assistaient. MM. Victor Hugo, Richard Cobden, Em. de Girardin, Henri Vincent de Londres et plusieurs autres orateurs d'élite s'y firent entendre. En 1850, les amis de la paix se réunirent de nouveau à Francfort sous la présidence de M. le conseiller Jaup. Enfin, le dernier congrès, organisé par deux apôtres infatigables de la paix, MM. Elihu Burritt et Henri Richard, a été tenu à Londres sous la présidence de l'illustre docteur Brewster. Ce congrès a eu lieu les 22, 23 et 24 juillet 1851, en même temps que l'exposition universelle, cet autre congrès de la paix! Vingt-deux membres du parlement britannique, plusieurs membres de l'Assemblée législative et du Conseil d'Etat de France y figuraient, soit personnellement, soit par leurs adhésions; six corporations religieuses importantes et deux corporations municipales y étaient officiellement représentées; trente et un délégués des sociétés de paix d'Amérique, sans parler des visiteurs, avaient traversé l'Océan pour y assister. Plus de trois mille auditeurs remplissaient, pendant ses séances, la vaste salle d'Exeter-Hall. Nous reproduisons les résolutions qui furent adoptées dans ce dernier congrès des amis de la paix universelle; elles donneront une idée succincte du but qu'ils poursuivent, et des moyens qu'ils mettent en œuvre pour l'atteindre :

« 1° Il est du devoir de tous les ministres des cultes, des instituteurs de la jeunesse, des écrivains et des publicistes, d'employer toute leur influence à propager les principes de paix, et déraciner du cœur des hommes les haines héréditaires, les jalousies politiques et commerciales qui ont été la source de tant de guerres désastreuses;

« 2° En cas de différends que l'on ne parviendrait pas à terminer à l'amiable, il est du devoir des gouvernements de se soumettre à l'arbitrage de juges compétents et impartiaux;

« 3° Les armées permanentes qui, au milieu des démonstrations de paix et d'amitié, placent les différents peuples en un état continuel d'inquiétude et d'irritation, ont été la cause de guerres injustes, de souffrances des populations, d'embarras dans les finances des États : le congrès insiste sur la nécessité d'entrer dans une voie de désarmement;

« 4° Le congrès réprouve les emprunts dont l'objet est de servir à faire la guerre ou à entretenir des armements militaires ruineux;

« 5° Le congrès désapprouve toute intervention par la force des armes ou par voie de menaces que des gouvernement tenteraient d'opérer dans les affaires intérieures d'Etats étrangers, chaque peuple devant rester libre de régler ses propres affaires;

« 6° Le congrès recommande à tous les amis de la paix de préparer l'opinion publique dans leurs pays respectifs, afin de parvenir au développement et à l'amélioration du droit public international;

« 7° Le congrès réprouve le système d'agressions et de violences employé par des peuples civilisés à l'égard des tribus à demi sauvages, ces actes de violence étant en même temps contraires à la religion, à la civilisation et aux intérêts du commerce;

« 8° Le meilleur moyen d'assurer la paix étant d'augmenter et de faciliter les relations d'amitié entre les peuples, le congrès exprime sa profonde sympathie pour la grande idée qui a donné naissance à l'exposition universelle des produits de l'industrie. »

G. DE M. *Dictionnaire de l'économie politique.*

Depuis que notre notice a été écrite (1852), les sociétés et les congrès de la paix se sont multipliés, en se proposant principalement la propagation de la pratique de l'arbitrage. On trouvera dans leurs publications annuelles un aperçu complet de leurs travaux de propagande.

C. P. 94. — L'insuffisance de la sécurité intérieure.

A cet égard, les gouvernements modernes se montrent aussi négligents que leurs devanciers; aux États-Unis, par exemple, l'insuffisance et la corruption de la police ont donné lieu à la création d'entreprises libres qui se chargent de protéger la vie et la propriété des citoyens, que la police officielle laisse sans défense. La plus célèbre est l'agence Pinkerton qui a joué un rôle important dans la grève de Pittsburg. En Europe, cette sorte d'entreprise serait absolument prohibée; en revanche, on a commencé à établir des sociétés d'assurance contre le vol. Tel est le Lloyd Néerlandais qui a son siège à Amsterdam, et dont nous reproduisons ce très original prospectus :

« Nous avons l'honneur d'attirer votre attention sur le danger de laisser, sans les couvrir par une Assurance contre le vol et les détériorations du fait des voleurs, marchandises et biens de toutes espèces que renferment vos immeubles.

« Les longues nuits d'hiver, les absences d'été, sont particulièrement propices aux opérations des cambrioleurs.

« Les propriétaires ne sont pas toujours à l'abri du vol se perpétrant par les toits en enlevant des tuiles, en brisant les vitres des lucarnes, en fracturant portes ou fenêtres donnant sur les jardins, et en pénétrant dans les maisons simplement au moyen de fausses clefs ou par les soupiraux des caves.

« Il arrive aussi que les cambrioleurs parviennent à razzier des habitations en y accédant par les balcons, serres adossées derrière les maisons ou encore en appliquant des échelles aux fenêtres de l'étage, en pratiquant des brèches aux murs mitoyens des voisins momentanément absents, et par d'autres systèmes encore, profitant quelque fois d'une heure d'absence guettée bien patiemment.

« Le vol des marchandises de prix exposées aux étalages, en cassant, même en plein jour, les glaces des devantures, est aussi quelquefois à redouter.

« Notre assurance répare les suites souvent considérables de ces méfaits en dédommageant intégralement, dans les 60 jours après la constatation du délit, toute perte ou détérioration du fait des cambrioleurs. Plus de cinquante vols ont été indemnisés depuis janvier 1895.

« Notre assurance contre le vol forme complément à l'assurance contre l'incendie, l'une n'ayant pas de raison d'être sans l'autre. En effet feu ou voleurs s'introduisent chez nous d'une façon toute inattendue et produisent par leurs ravages bien des points de similitude.

« Par contre, et c'est là une sécurité de plus pour les assurés, savoir qu'ils traitent avec une institution sûre, presqu'aucune crainte de fraude à avoir pour la branche vol, car il est bien plus difficile de simuler avec profit un vol que de mettre le feu chez soi. Fracturer nécessite un outillage spécial. A se le procurer ou à s'en mal servir, on risque de se trahir... Bien difficile à cacher les objets prétendûment volés; difficile aussi à vendre sans avoir à redouter d'indiscrètes complicités.

« Nous rejetons toute proposition tant soit peu équivoque.

« Nous couvrons pour la valeur totale ou partielle, quoiqu'avec dédommagement intégral, le montant de vos biens, suivant degré de sécurité, non seulement contre le vol proprement dit, mais aussi contre les détériorations importantes du fait des voleurs.

« Nous assurons toutes marchandises, telles que dentelles, bijoux, tableaux, bicyclettes, maroquineries, lingeries, objets d'art, etc.. etc., en magasin, à une prime annuelle approximative de un à trois mille. Nous assurons les valeurs en coffre-fort. Nous couvrons également le vol ou détériorations qui pourraient se commettre à vos immeubles ou objets mobiliers de toutes espèces, proie facile pour les cambrioleurs qui s'emparent volontiers du linge, literies, ornements de cheminée, argenterie, vins, tableaux, bijoux, etc.

« Notre assurance continue ses effets à l'égard des objets laissés pendant six mois et plus sans gardien.

« Pouvoir se passer de concierge constitue quelquefois une certaine économie [1]. »

[1] L'existence de sociétés de ce genre n'atteste-t-elle pas

Dans ses mémoires, M. Goron, ancien chef de la sûreté, donne cette explication de l'insuffisance de la police criminelle en France, où, dit-il, toutes les grosses sommes sont consacrées à la police politique :

— Non seulement la police criminelle est insuffisante en province, mais en dehors de quelques grandes villes elle n'existe pas ; elle existe même moins que jadis, car les gendarmes ont des besognes qu'ils n'avaient pas autrefois, par exemple les convocations militaires à porter, et par conséquent il leur reste beaucoup moins de temps pour assurer la sécurité des campagnes.

Dans mes *Mémoires*, j'ai du reste traité cette question en détail ; j'ai expliqué que le gendarme qui ne peut opérer que revêtu de son uniforme, était impuissant à rechercher les assassins, et j'ai indiqué justement un moyen de traquer les malfaiteurs aussi bien en province qu'à Paris. Ce moyen est simple, il consiste à augmenter le nombre des agents de la sûreté de Paris, et a envoyer à tous les parquets de province d'excellents limiers, dès qu'un crime a été commis.

Malheureusement ce moyen coûterait assez cher, et chose triste à dire, on ne dépense pas d'argent pour la police criminelle. Il faut avoir le courage de faire certaines constatations. Toutes les grosses sommes sont consacrées à la police politique.

D. P. 102. — Le rétablissement et le démarquage des impôts de l'ancien régime en France.

La réforme des impôts de l'ancien régime a été une

suffisamment combien les gouvernements négligent la branche la plus importante des services pour lesquels on les paie si cher.

simple mascarade. D'abord, les anciens impôts ont été abolis, en effet; mais comme le gouvernement révolutionnaire ne s'était point avisé de réduire les dépenses publiques, il fallut bien combler le vide causé par l'abolition des anciens impôts. Ce vide on essaya de le remplir au moyen du papier-monnaie, des confiscations et des réquisitions; mais ces ressources révolutionnaires eurent une fin, et un beau jour le trésor public se trouva complètement à sec. Alors que fit-on? On rétablit purement et simplement les impôts que la révolution avait abolis. Seulement on eut soin de leur donner d'autres noms, afin de ne pas trop effaroucher les contribuables. Ainsi la *taille* et les *vingtièmes* prirent le nom de contribution foncière; la taxe des *maîtrises et jurandes*, le droit de *marc d'or*, que l'on payait pour être admis à faire le commerce ou à exercer une profession industrielle furent remplacées par les patentes; le droit de *contrôle* fut désormais connu sous le nom de timbre; les *aides* se nommèrent contributions indirectes, droits réunis; la *gabelle*, si odieuse, reçut la dénomination anodine d'impôt du sel; les *octrois* furent d'abord abolis, mais on ne tarda guère à les rétablir sous la philanthropique désignation d'octrois de bienfaisance; les *corvées* demeurèrent supprimées, mais les paysans furent assujettis aux prestations en nature. Bref, tout le vieux système d'impôts reparut; on prit seulement la peine de le débaptiser.

Les *Révolutions et le despotisme*, envisagés au point de vue des intérêts matériels. P. 107.

E. P. 106. — Le fonctionnarisme en France.

Combien y a-t-il de fonctionnaires en France? M. Turquan a cherché à résoudre ce problème, et, dans une

communication qu'il a faite au *Congrès de l'association pour l'avancement des sciences*, il a donné les chiffres suivants :
Voici la progression qu'il a trouvée depuis 1846.

En 1846......	188,000	fonctionnaires
1858......	217,000	—
1873......	285,000	—
1886......	330,000	—
1896......	400,000	—

Il faut y ajouter 8,000 fonctionnaires départementaux, 122,000 fonctionnaires communaux, soit 130,000 fonctionnaires locaux.

Les appointements des fonctionnaires ont suivi la progression suivante :

En 1846..............	245	millions.
1858..............	270	—
1873..............	400	—
1876..............	450	—
1894..............	545	—
1896..............	616	—

Si l'on ajoute les retraites, on trouve une dette viagère de 70 millions par an dont 25 millions sont fournis par les retenues et 45 millions par les ressources générales du budget.

En additionnant les 45 millions aux 616 millions des traitements nous avons une charge annuelle de 661 millions.

Sur les 400,000 fonctionnaires, 136,000 touchent moins de 1,000 francs par an.

Les gros traitements ne sont repartis qu'entre 1846 personnes.

600	personnes	touchent de	10 à 12,000 francs.
400	—	—	12 à 15,000 —
163	—	—	15 à 16,000 —
362	—	—	16 à 20,000 —
321	—	—	plus de 20,000 —

F. P. 126. — Le traité d'arbitrage anglo-américain.

Le Bureau international de la Paix de Berne a publié la traduction suivante du texte officiel du traité d'arbitrage anglo-américain, signé à Washington par MM. Olney, secrétaire d'État, et Pauncefote, ambassadeur de la Grande-Bretagne, et rejeté par le Sénat américain.

« Les gouvernements de la Grande-Bretagne et des États-Unis, désirant consolider les relations d'amitié qui existent entre les deux États et consacrer par un traité le principe de l'arbitrage international, ont conclu la convention suivante :

Article premier. Les hautes parties contractantes conviennent de soumettre à l'arbitrage, sous les réserves ci-après, toutes les questions litigieuses qui surgiront entre elles et qui ne pourront être réglées par la voie diplomatique.

Art. 2. Les réclamations pécuniaires, ou les groupes de réclamations pécuniaires, dont le total n'excède pas la somme de 100,000 livres sterling et qui n'ont pas en même temps le caractère de réclamations territoriales, seront soumises au jugement d'un tribunal arbitral constitué comme il est dit à l'article suivant.

L'expression « groupe de réclamations pécuniaires » mentionné dans le présent article et dans l'art. 4, signifie les réclamations d'argent faites par une ou plusieurs personnes à raison des mêmes transactions ou résultant des mêmes positions de droit ou de fait.

Art. 3. Chacune des hautes parties contractantes désignera un arbitre dans la personne d'un juriste de renom ; ces deux arbitres choisiront, dans le délai de deux mois à partir de leur nomination, un surarbitre. Dans le cas où ils négligeraient de le faire dans le délai prescrit, le surarbitre sera désigné d'un commun accord par les membres de la cour suprême des États-Unis et par les membres de la commission judiciaire du conseil privé de la Grande-Bretagne, la nomination incombant à chacun de ces corps ayant lieu à la majorité. Si ceux-ci ne peuvent s'entendre sur le choix du surarbitre dans le délai de trois mois à partir du jour où ils auront été invités par les hautes parties contractantes ou par l'une d'elles à procéder à cette nomination, le surarbitre sera désigné de la manière prévue à l'article 10.

La personne désignée remplira les fonctions de président du tribunal et la sentence rendue par la majorité des membres sera définitive.

Art. 4. Les réclamations pécuniaires ou groupes de réclamations pécuniaires dont le total excède 100.000 livres sterling, de même que tous autres différends au sujet desquels l'une des hautes parties contractantes peut invoquer contre l'autre des droits résultant d'un traité ou de toute autre cause, pourvu que ces différends n'aient pas le caractère de réclamations territoriales, seront soumises au jugement d'un tribunal arbitral constitué comme il est dit à l'article suivant.

Art. 5. Les litiges mentionnés à l'art. 4 seront soumis au jugement d'un tribunal constitué comme il est dit à l'art. 3. Si le jugement de ce tribunal est rendu à l'unanimité des voix, il sera définitif; dans le cas contraire, chacune des parties contractantes pourra en demander la revision dans les six mois de sa date. Dans ce cas, le différend sera soumis à un tribunal arbitral, composé de cinq juristes de renom, à l'exclusion de ceux dont la sentence doit être revisée; chacune des hautes parties contractantes nommera deux arbitres et les quatre réunis désigneront un surarbitre dans le délai de trois mois à partir du jour de leur nomination.

Dans le cas où ils négligeraient de le désigner dans le délai prescrit, le surarbitre sera choisi d'un commun accord par les corps mentionnés à l'art. 3, comme il est expliqué à cet article.

Si ceux-ci ne peuvent s'entendre sur le choix du surarbitre dans le délai de trois mois à partir du jour où ils auront été invités par les hautes parties contractantes, ou par l'une d'elles, à procéder à cette nomination, le surarbitre sera désigné de la manière prévue à l'art. 10.

La personne désignée remplira les fonctions de président du tribunal et la sentence rendue par la majorité des membres sera définitive.

Art. 6. Tout différend ayant le caractère d'une réclamation territoriale sera soumis à un tribunal de six membres dont trois seront désignés par le président des États-Unis, sous réserve de ce qui est dit à l'art. 8, parmi les juges de la Cour suprême des États-Unis ou des Cours d'arrondissement, et les trois autres, sous la même réserve, par S. M. la reine de la Grande-Bretagne, parmi les juges de la Cour suprême britannique ou les membres de la Commission judiciaire du Conseil privé. La sentence du tribunal sera définitive, pourvu qu'elle ait été rendue à l'unanimité ou par cinq voix contre une.

Dans le cas de majorité insuffisante, le jugement sera également définitif, à moins qu'une des puissances ne déclare, dans les trois mois de sa date, le considérer comme faux, laquelle déclaration annule le jugement.

Lorsqu'un jugement, rendu à une majorité insuffisante, a été déclaré nul comme il vient d'être dit, ou lorsque les voix des membres du tribunal arbitral se sont partagées par moitié, les parties contractantes ne recourront à aucune mesure d'hostilité de quelle nature que ce soit avant d'avoir, ensemble ou séparément, requis la médiation d'une ou de plusieurs puissances amies.

Art. 7. La compétence du tribunal arbitral constitué

conformément aux dispositions du présent traité ne pourra être attaquée que dans le cas suivant.

Lorsque, avant la clôture de l'instruction d'une réclamation soumise à un tribunal arbitral constitué conformément aux articles 3 ou 5, ce tribunal reconnaît, à la demande de l'une des hautes parties contractantes, que la qualification de cette réclamation entraînera nécessairement une décision sur une question de principe contestée d'une importance grave et générale concernant des droits nationaux, la partie qui les revendique n'agissant pas en réalité pour la poursuite des droits privés, mais plutôt comme agent international, le tribunal arbitral sera incompétent pour statuer sur cette réclamation et celle-ci sera soumise à l'arbitrage prévu à l'article 6.

Art. 8. Lorsque le différend concerne un des États ou territoires des États-Unis, le président pourra désigner comme arbitre un officier judiciaire de cet État ou territoire. Lorsque le différend concerne une colonie ou possession britannique, Sa Majesté pourra désigner comme arbitre un officier judiciaire de cette colonie ou possession.

Art. 9. Les réclamations territoriales comprennent, aux termes du présent traité, outre celles concernant un territoire, toute question de servitude, de droit de navigation, de pêcherie, et tous les droits et intérêts dont l'exercice est nécessaire pour la surveillance ou la jouissance du territoire réclamé par l'une des hautes parties contractantes.

Art. 10. Lorsque les corps désignés aux articles 3 et 5 ne pourront s'entendre au sujet de la nomination du surarbitre, celui-ci sera désigné par S. M. le roi de Suède et de Norvège.

Chacune des hautes parties contractantes pourra toutefois aviser en tout temps l'autre État, qu'à raison de la modification matérielle des circonstances sous l'empire desquelles le présent traité est conclu, elle estime qu'il est opportun de désigner un remplaçant à Sa Majesté. Le remplaçant pourra être consulté à ce sujet.

Art. 11. En cas de décès, etc., d'un arbitre, il sera pourvu à son remplacement de la même manière que pour sa nomination.

Art. 12. Chaque gouvernement payera son conseil et ses arbitres. Cependant, dans les cas importants soumis à l'arbitrage, une partie pourra accepter des actes de désaveu, de défense ou de défaut sans que ses charges au sujet des dépenses s'en trouvent aggravées. Le tribunal arbitral décidera, dans sa sentence finale, si et dans quelles proportions les frais de la partie qui obtient gain de cause seront mis à la charge de la partie adverse.

Art. 13. Le tribunal fixera lui-même l'époque et le lieu de ses séances; il arrêtera également le mode d'instruction, ainsi que toutes les questions de procédure. La sentence du tribunal sera rendue si possible dans le délai de trois mois après la clôture de l'instruction; elle sera écrite, datée et signée par les arbitres qui y ont adhéré.

Art. 14. Le présent traité restera en vigueur pendant cinq années à partir du jour où il en sera fait application et continuera aussi longtemps que l'une des hautes parties contractantes n'aura pas signifié à l'autre État, douze mois à l'avance, qu'elle désire le résilier.

Art. 15. Le présent traité sera ratifié par le président des Etats-Unis et par S. M. la reine de la Grande-Bretagne et d'Irlande. L'échange des ratifications aura lieu à Washington ou à Londres dans les six mois de sa date, ou plus tôt si possible.

G. P. 132. — Les profits des guerres de l'Empire.

Les recettes extérieures provenant des contributions de guerre formaient un domaine extraordinaire que Napoléon distribuait à son gré. Voici ce que nous lisons à ce sujet dans une conversation qu'il avait avec Lord Ebrington, à l'île d'Elbe. (*Revue bleue* du 15 décembre 1894).

« ... Il (Napoléon) avait à sa disposition le *domaine extraordinaire*, fonds de 200 millions au moyen duquel il faisait des dons et récompensait ceux qui se distinguaient. Je demandai d'où provenait ce fonds, il répondit :

« Des contributions de mes ennemis; l'Autriche pour deux paix m'a payé par articles secrets 300 millions et la Prusse aussi énormément. »

Dans son journal, le maréchal Castellane donne des détails d'une de ces distributions des profits de la guerre.

« Le 15 août 1809, dit-il, nous eûmes un *Te deum* à l'église Saint-Etienne pour la fête de l'Empereur; Vienne fut illuminé. Le maréchal Masséna fut nommé prince d'Essling; le prince de Neuchâtel, prince de Wagram; le maréchal Davout, prince d'Eckmühl, avec chacun 600,000 fr. de rente de dotation; le général Mouton devint comte de Lobau. Les officiers d'ordonnance, les aides de camp du prince de Neuchâtel, furent créés barons avec 4.000 fr. de dotation; quelques-uns de ces derniers furent comtes. Les aides de camp des aides de camp généraux furent chevaliers avec 2.000 fr. de rente. Je fus donc chevalier de l'Empire; ma dotation, d'abord établie à Bayreuth, fut transférée successivement près de Hambourg, en Piémont, à Rome, et à la Restauration, changée en une dotation de 500 francs sur le Trésor public. Un grand nombre d'officiers généraux, de colonels, d'employés civils, reçurent des titres et des majorats. »

Avec les profits matériels qu'ils tiraient de la guerre, les officiers et les soldats trouvaient une satisfaction plus ou moins morale dans la supériorité qui leur était reconnue sur les civils, et dont ils ne manquaient pas d'abuser. Les rapports du comte Anglès, directeur de la police en 1814 contiennent à cet égard des renseignements caractéristiques :

« Les officiers et les soldats regrettaient naturellement le chef qui, pendant près de vingt ans, les avait menés à la victoire à travers toute l'Europe ; pour quelques maréchaux lassés et rassasiés, il y avait des centaines, des milliers d'hommes brusquement arrêtés sur le chemin de la gloire et de la fortune. » Mais Anglès met en relief d'autres sujets de mécontentement pour les militaires : le double dépit d'avoir à compter désormais avec les *civils* et d'être astreints à une discipline régulière.

« Napoléon, qui avait besoin d'eux, leur passait, entre autres licences, celle de traiter en subalterne, en paria, quiconque ne portait pas l'uniforme. On sait son mot au ministre de l'intérieur, un jour que le célèbre Lasalle avait souffleté un préfet : « J'ai cent préfets et un seul Lasalle. » Sous l'Empire, il était admis qu'un officier entrant dans un café pouvait prendre le journal qu'un consommateur civil était en train de lire ; railler, au théâtre, le physique des spectateurs ; faire les yeux doux à leurs femmes ou à leurs filles ; se permettre enfin toutes les impertinences, sauf à la victime à se faire pourfendre sur le terrain. »

(*Correspondant* du 10 novembre 1897. Article de M. de Lanzac-Laborie sur les rapports inédits du comte Anglès.)

H. P. 137. — L'augmentation des dépenses de l'Italie unifiée.

Si les vieux gouvernements de l'Italie unifiée laissaient à désirer sous le rapport de la qualité, en revanche, ils ne coûtaient pas cher. D'après M. Minghetti, les populations italiennes ne payaient, chaque année, que la somme, relativement minime, de 500 millions de francs, en frais de gouvernement, et cette somme suffisait et au delà pour couvrir les dépenses. Les finances des anciens États de l'Italie étaient, en effet, dans la situation la plus florissante : les dettes publiques n'atteignaient qu'un chiffre peu élevé, et le royaume de Naples, par exemple, possédait, au moment de l'invasion Garibaldienne, une réserve disponible de 60 millions, dont ses « libérateurs » ne manquèrent pas de le délivrer en quelques semaines. En outre, le servage militaire qui constitue pour la masse du peuple, le plus lourd des impôts, n'existait ni dans les Etats du Pape ni en Sicile .Aussi, les populations exemptes des charges écrasantes qui renchérissent partout les nécessités de la vie menaient-elles une existence facile et douce. Si la mendicité importunait l'étranger, cela tenait encore à la douceur du système : au lieu de traiter les mendiants comme des criminels et de les parquer dans des dépôts qui sont les prisons de la misère, on les considérait simplement comme des malheureux et on les laissait libres, sans s'inquiéter peut-être assez de la « nuisance » qu'ils occasionnaient aux voyageurs. Que si, les mendiants écartés, l'on examinait de près la masse du peuple, on la trouvait saine, joyeuse et bien portante : les enfants et les femmes n'étant pas réduits à travailler de douze à quinze heures par jour pour subvenir à l'insuffisance des salaires de leurs pères et de leurs maris, la race se maintenait belle et vivace. A la vérité, la culture intellectuelle manquait dans les masses ; néanmoins, la proportion des gens ne sachant ni lire ni écrire n'était pas plus forte que dans les pays les plus vantés pour le libéralisme de leurs institutions, et quant à l'instruction moyenne et supérieure, elle ne le cédait à aucune autre. A la vérité encore, les voies de communication se développaient lentement, les gouvernements se faisant scrupule de taxer les populations pour des entreprises dont les propriétaires fonciers recueillaient tout d'abord le bénéfice par une augmentation de la plus-value de leurs terres. Cependant, les chemins de fer sillonnaient non seulement la Lombardie et la Toscane, mais encore ils commençaient à s'établir dans le royaume de Naples et dans les Etats du Pape. La production et le commerce se développaient rapidement, et, plusieurs fois déjà, il avait été question d'établir entre les différents états de la péninsule, une union douanière qui n'aurait pas manqué de donner un rapide essor à leurs ressources productives... Il n'y a, du reste, dans « l'actif » de la révolution italienne, si actif il y a, aucune liberté que l'Italie n'eût pu obtenir, et selon toute apparence, à beaucoup plus large dose et d'une manière plus sûre, par les procédés économiques de la propagande pacifique et de l'*exemple*.

(*Economiste belge*. N° du 14 mars 1863.)

Actuellement, les dépenses annuelles de l'Italie unifiée s'élèvent à 1,600 millions, dont 598 millions pour le service de la dette consolidée et remboursable, etc., etc., sans compter environ 125 millions de dette flottante.

Quant aux bienfaits de l'unification, voici comment ils sont appréciés dans une correspondance adressée de Rome à l'*Indépendance belge* (2 janvier 1898) :

L'Italie se prépare à célébrer le cinquantenaire de deux grandes dates historiques. A Turin, on fêtera, l'année prochaine, le cinquantième anniversaire de l'octroi du Statut, et à Palerme, le cinquantième anniversaire de la révolution sicilienne, qui porta le premier coup à la domination bourbonienne. Ces deux dates se complètent ; d'un côté, la dynastie qui se met en contact avec la démocratie ; de l'autre côté, la révolution qui inaugure son œuvre de démolition ; ici, la force qui devait détruire ; là, la puissance qui devait réédifier.

La solennité qu'on prépare à Turin rencontre des sceptiques ; on dit qu'il s'agit de célébrer le cinquantenaire d'une chose qui n'existe plus, et l'on se demande si ce n'est pas une dérision que de commémorer la date de la proclamation du Statut au moment même où des centaines de citoyens peuplent les prisons italiennes en vertu de jugements que les cours martiales ont rendus au mépris de l'article de la charte garantissant que les citoyens ne peuvent être soustraits à leurs juges naturels et où des milliers de citoyens sont condamnés sans jugement, c'est-à-dire par une simple mesure de police, au *domicilio coatto*, autrement dit à la relégation forcée, contrairement à la disposition de la même charte qui déclare inviolable la liberté individuelle. Le Statut constitue, en réalité, un ensemble de franchises que la dynastie a octroyées en bloc et que le pouvoir exécutif a reprises en détail. Cela me rappelle le cas d'un mien ami, né dans une famille pauvre, à qui sa mère donnait tous les ans, pour le Jour de l'An, une pièce de cent sous. Vous voyez que ce souvenir est de saison, puisque nous voici à l'époque des étrennes. Seulement, ce pauvre écu n'était pas entré dans l'escarcelle de l'enfant que le vide s'en faisait sentir dans la bourse familiale. Dès le lendemain, la mère commençait à emprunter à son fils, pour les besoins du ménage, et, sou à sou, la pièce de cinq francs retournait dans la caisse maternelle, ce à quoi mon ami se prêtait de la meilleure grâce du monde, car c'était un bon fils et c'est ce qui fait qu'il est devenu un bon citoyen.

La Maison de Savoie a employé en grand le même procédé : en un moment de griserie populaire et sous l'empire des circonstances qui lui forçaient la main, elle a dû se montrer munificente et elle a donné à son peuple des étrennes vraiment royales ; puis, peu à peu, le pouvoir exécutif, avec la complicité de majorités dociles et inconscientes, a fait rendre gorge à la nation. Les lois et les règlements particuliers ont repris toutes les libertés et toutes les franchises : l'inviolabilité de la liberté individuelle est devenue lettre morte par l'institution du *domicilio coatto;* le principe d'après lequel nul ne peut être soustrait à ses juges naturels a été détrôné par les tribunaux de guerre ; l'inviolabilité du domicile privé réduite à néant par les lois de police en vertu desquelles on envahit impunément, au besoin avec effraction, le siège des associations dites subversives ; l'inviolabilité de la propriété privée escamotée par les saisies de journaux qui ne sont jamais sanctionnées par des poursuites judiciaires, justement parce que ceux qui les ont ordonnées ont la conscience d'avoir violé le droit; la liberté de réunion et d'association abolie par une jurisprudence pharisaïque. Il n'y a plus de sacrés dans le Statut du royaume que les articles établissant la Liste civile et l'apanage des princes.

I. P. 138. — L'emploi des cinq milliards de l'indemnité de la guerre franco-allemande.

Quel a été l'emploi de nos 5 milliards?

La Chancellerie fédérale s'est expliquée à ce sujet dans le Mémoire qu'elle a adressé au Parlement.

Mais d'abord combien l'Allemagne a-t-elle reçu réellement ?

D'abord les 5 milliards, puis des intérêts à 5 p. 100

pour une somme de 381.191.959 fr., soit ensemble et en monnaie allemande 1.413.651.189 thalers. A cette somme il faut ajouter la contribution de guerre de la ville de Paris : 53.500.865 thalers; et encore les contributions levées sur un grand nombre d'autres villes. De ces sommes, la plus notable partie a été absorbée par des dépenses militaires; cependant, toutes déductions faites, il en reste encore environ 17.394.220 thalers. C'est en tout 1.484.551.274 thalers. Il est vrai que sur cette somme l'Allemagne nous a payé 325 millions de francs, soit 86.666.666 thalers, pour le rachat des chemins de fer du territoire annexé; reste donc, en fin de compte, à l'Allemagne : 1.397.804.608 thalers, ou 5.142.067.280 fr.

A quoi ont été consacrées ces ressources qui peuvent bien être qualifiées d'extraordinaires ? Le voici, du moins pour ce qui est ostensiblement avoué :

480.777.029 thalers doivent être employés pour le fonds des invalides, la restauration et l'armement des forteresses de l'Alsace-Lorraine, les chemins de fer Alsaciens-Lorrains et Guillaume-Luxembourg, le Trésor militaire, l'administration de la marine, l'avance permanente pour l'administration militaire, les dotations des généraux et des hommes d'Etat, les secours aux Allemands expulsés de France, les frais du Quartier-Général;

37.700.000 thalers pour indemnités de guerre ;

5.600.000 thalers d'indemnités aux armateurs allemands;

300.000 thalers pour médailles commémoratives;

10.089.774 thalers pour pension aux invalides pendant l'année 1872;

5.980,000 thalers aussi aux invalides pour le temps où le fonds spécial qui leur est assigné ne sera par placé;

9.847.187 thalers pour armement et désarmement des forteresses;

9.352.512 thalers pour l'administration maritime;

4.791.986 thalers pour construction ou reconstruction de chemins de fer stratégiques ;

202.791 thalers pour la télégraphie militaire ;

3.753.714 thalers pour frais de l'administration civile en France ;

815.000 thalers pour indemnités à l'administration des postes et des télégraphes ;

21.000.000 thalers pour supplément de dépenses pendant l'occupation des territoires français ;

250.000 thalers pour frais divers à la charge de la caisse de l'Empire ;

Soit en tout 600.836.627 thalers consacrés à des dépenses militaires d'intérêt fédéral.

Quant aux 793.000.000 de thalers restants, ils doivent être répartis entre les États fédérés, sauf cependant 108.596.810 thalers, d'une part, et 6.119.000, de l'autre, déjà absorbés par des dépenses urgentes.

La répartition entre les États fédérés est fixée comme suit :

Confédération du Nord....	530,116,053	thalers.
Bavière....................	90.200,411	—
Würtemberg..............	28,500,870	—
Bade........................	20,144,182	—
Hesse......................	9,333,674	—

Ainsi, sur cette somme énorme de 5 milliards, quelle portion l'Allemagne a-t-elle prélevée, soit pour alléger sa dette, soit pour diminuer les impôts, soit pour encourager son commerce, son industrie? Aucune.

Une guerre heureuse lui a fourni le moyen de demander 5 milliards d'indemnité, 5 milliards! chiffre que jusqu'alors l'imagination humaine pouvait à peine concevoir, et pas un centime de ces 5 milliards n'a servi à augmenter le bien-être des populations allemandes! Dans toute cette longue énumération de l'emploi qui est fait de nos 5 milliards, nous ne voyons que des paiements de dépenses de guerre, dépenses précédemment faites ou à faire.

(Alfred NEYMARCK, *Les milliards de la guerre*, p. 22.)

Complétons ces renseignements par un curieux article du *Vorwaerts* sur le militarisme et ses effets en Allemagne :

« Jusqu'en 1876, l'Empire n'avait pas de dette. »

Voici, d'après le *Vorwaerts*, le tableau de l'accroissement de la dette depuis 1876, en marks :

1877........	16 millions.	1886.......	440 millions.
1878........	72 —	1887.......	486 —
1879........	139 —	1888.......	721 —
1880........	218 —	1889.......	884 —
1881........	268 —	1890.......	1118 —
1882........	319 —	1891.......	1318 —
1883........	349 —	1892.......	1524 —
1884........	373 —	1893.......	1697 —
1885........	410 —		

Le *Vorwaerts* ajoute :

« L'accumulation de cette dette a été produite pour la plus grande partie par les dépenses pour l'armée et la flotte de guerre, pour le Moloch du militarisme. Une portion relativement minime de la dette de l'Empire résulte de la construction de chemins de fer en Alsace-Lorraine et de la construction du canal de la mer du Nord à la Baltique.

« Mais ici encore, il y a lieu de noter que ces travaux ont avant tout un intérêt stratégique. Depuis 1876, il a été dépensé au budget extraordinaire une somme totale de 2 milliards 216 millions pour l'armée et la marine. Voilà surtout ce qui a contribué à l'augmentation effrayante de la dette de l'Empire.

« N'oublions pas, d'ailleurs, que la majeure partie de la contribution de guerre de 5 milliards imposée à la France a été dépensée pour la guerre et la marine. »

K. P. 143. — L'augmentation progressive des dépenses de guerre et des dettes publiques en Europe.

Voici un tableau dressé par M. Edmond Théry de l'augmentation des dépenses de guerre en Europe depuis 1865 :

NATIONS	DÉPENSES TOTALES (GUERRE ET MARINE) (Millions de francs) 1865-66	1869-70	1880-81	1886-87	1892-93
France	536.1	549.3	1,016.1	904.7	890.0
Russie	601.2	615.6	872.8	982.3	1,107.1
Allemagne	472.5	573.6	501.4	539.4	822.7
Autriche-Hongrie			311.4	342.2	421.4
Italie	247.4	184.4	237.0	342.6	355.1
Angleterre	632.0	605.6	760.6	978.4	832.4
Belgique	34.9	36.8	44.1	45.6	47.0
Espagne	142.3	127.8	154.0	200.3	170.3
Hollande	45.3	50.5	69.7	69.4	75.3
Suisse	4.8	4.8	14.1	17.2	36.7
	2,716.5	2,748.4	3,981.2	4,422.1	4,758.0

L'augmentation du capital nominal des dettes publiques de 1870 à 1887 est l'objet du tableau suivant :

	Millions de francs.		Millions de francs.
France	12,000	Allemagne	0,526
Russie	11,000	Saxe	0,388
Prusse	3,217	Grèce	0,270
Italie	3,132	Serbie	0,244
Hongrie	2,249	Wurtemberg	0,194
Autriche	1,770	Suède	0,181
Espagne	1,300	Hambourg	0,024
Belgique	1,089	Finlande	0,020
Roumanie	0,701		

D'après la *Gazette de Cologne*, pour l'exercice 92-93, l'armée et la marine ont coûté à l'Angleterre 36.900,000 de la totalité de son budget; à la Russie 28.7; à la France 27.1; à l'Italie 22.4; à l'Allemagne 17.8; à l'Autriche-Hongrie 17.6.

Les dépenses pour l'intérêt et l'amortissement des dettes publiques comportent en Italie 43.8 0/0 du budget; en Autriche-Hongrie 29.3; en France 28.4; en Angleterre 27.9; en Russie 25.7; en Allemagne 12.9.

A propos de la grande revue navale de Spithead, le *Times* a fait remarquer que les 141 navires anglais qui ont défilé devant la reine représentent un capital de 31 millions de livres sterling, dont 21 ont été dépensés, depuis 1886, pour la construction de 99 unités. Si on ajoute à ce chiffre les frais d'armement, le coût total de la flotte dépasse 40 millions de livres, c'est-à-dire un milliard de francs. Il est intéressant de comparer à ces formidables dépenses l'évaluation que sir William White donnait à la flotte anglaise en 1813. Elle comprenait alors de 480 à 490 navires pour le service de mer. Un quart d'entre eux était composé de vaisseaux de ligne, un autre quart de frégates, — les croiseurs de cette époque; — l'autre moitié comprenait les navires postaux, les bricks, les sloops, etc. Le prix total de cette flotte, non compris les armements, n'avait pas excédé 10 millions de livres.

Une sorte de vertige, dit M. Yves Guyot, a pris toutes les nations depuis la guerre de 1870. M. A. J. Wilson, dans le numéro de mars de l'*Investor's review* compare les dépenses actuelles de l'Angleterre à ce qu'elles étaient autrefois. Elles ne dépassaient pas de 15 à 16 millions de livres sterling par an. Elles sont maintenant de 20 millions de livres pour la marine seule. Dans le prochain budget elles seront pour l'armée et la marine de 45 millions (1125 millions de francs), les plus élevées du monde. Depuis 1871, le service de la dette et les dépenses militaires et navales de la Grande-Bretagne, de la France, de l'Allemagne, de l'Italie, de l'Autriche-Hongrie, de la Russie, s'élèvent à 7 milliards de livres sterling soit 175 milliards de francs.

M. A.-J. Wilson se fait peut-être quelque illusion quand il dit : « Supposons que la ligne des dépenses militaires et navales soit restée au niveau où elle était en 1869 ; que les dettes qu'elles ont provoquées n'aient pas augmenté, pas une de ces nations n'aurait pensé à établir un tarif de douane contre ses voisines. Toute l'Europe pourrait jouir d'une liberté d'échange égale à celle qui existe entre les États qui forment les États-Unis. »

Mais il y a un fait certain : il y a des malaises : on en souffre ; au lieu de rechercher leur cause, on a recours à des remèdes empiriques comme les tarifs protectionnistes.

En dehors des sommes dépensées, il faut voir le gaspillage d'hommes : 580,000 pour l'Allemagne et 100,000 chevaux ; 570,000 pour la France et 120.000 chevaux ; 250,000 hommes pour l'Italie et 50,000 chevaux ; 230,000 hommes pour l'Angleterre et 30,000 chevaux ; 700,000 hommes pour la Russie et 125,000 chevaux ; soit un total de 2,700,000 soldats et 250,000 marins improductifs.

En même temps, ces dépenses surexcitent certaines industries à certains moments, puis les laissent tomber. C'est l'organisation des crises.

On ne tient jamais assez compte de cet élément profond de perturbation dans la vie économique de l'Europe.

Actuellement, toutes les nations, si formidablement armées, n'ont qu'une préoccupation : éviter la guerre. Evidemment, c'est là une conséquence imprévue du développement des forces militaires. On les augmente, mais pour ne pas s'en servir. Elles n'en sont pas moins un écrasant fardeau.

(*Le Siècle.*) YVES GUYOT.

L. P. 137. — Les encaisses des banques transformées en trésors de guerre.

Les banques privilégiées coûtent cher et elles n'offrent qu'un faible préservatif du danger du papier-monnaie. Les gouvernements dans l'embarras ne se font aucun scrupule d'obliger les banques à les en tirer ; ils puisent à même dans leurs caisses, en les autorisant à suspendre le remboursement de leurs billets et à transformer ainsi leur monnaie de papier en papier-monnaie dépréciable. Les billets de la Banque d'Angleterre, réputée la plus solide et la plus indépendante des banques privilégiées n'ont-ils pas subi une dépréciation de 30 0/0 pendant la guerre continentale ?

A ce risque qui menace, en cas de guerre, le monde des affaires vient se joindre le renchérissement de l'instrument de la circulation, causé par la transformation des banques privilégiées en trésors de guerre. Tandis que la somme nécessaire pour les assurer contre toute éventualité n'excède pas un tiers, les encaisses métalliques sont actuellement presque égales au montant de la circulation. Comme on le verra par le relevé suivant, elles n'ont pas cessé de s'accroître dans toutes les banques de l'Europe, à la seule exception de la Banque d'Allemagne.

Banques.	Fin 1891.	Fin mars 1897.	Différences.
	Millions.	Millions.	Millions.
Autriche-Hongrie	139	654	+ 515
Allemagne	1.127	721	— 406
Italie	225	303	+ 78
France	1,337	1,918	+ 581
Russie	1,426	2,421	+ 995
Angleterre	557	996	+ 436
	4,811	7,013	2,292

Avons-nous besoin d'ajouter que les frais d'assurance de l'instrument de la circulation s'en trouvent inutilement accrus au détriment des consommateurs de monnaie. Mais qui se préoccupe aujourd'hui de l'intérêt des consommateurs ?

(*Journal des Economistes* du 15 juin 1897. Chronique.)

M. P. 170. — Les pensions de guerre aux Etats-Unis.

On assure chaque année que le point le plus élevé des pensions de guerre a été atteint et que le nombre des pensionnaires et le montant des pensions commencent à décliner. Le point maximum peut avoir été atteint, mais le déclin n'est pas constant. Dans la dernière année fiscale (1896-97) trente-deux ans après la fin de la guerre civile, le nombre des pensions s'est encore accru et la somme payée aux pensionnaires a été d'un million et demi plus considérable que dans l'année précédente et presque identique au montant déboursé en 1894 et 1895. Plus de cinquante mille noms nouveaux ont été placés sur la liste l'année dernière et l'accroissement net du nombre des pensionnaires a été pour l'année de 12,850. En 1878, les pensions s'élevaient à 27.137,019 dollars, et jusque-là, elles n'avaient pas dépassé trente millions de dollars. Cependant la guerre avait pris fin depuis treize ans, et il devait y avoir eu un nombre considérable de morts parmi les survivants. Mais à mesure que l'âge s'avançait, ils étaient atteints d'infirmités qu'ils rattachaient volontiers à leurs services militaires ; de plus, chaque congrès commença à élever le taux des pensions, en les rendant ainsi plus désirables.

En 1879, on passa l'*Arrears of pensions law*, sous lequel il devint possible pour les hommes dont les noms étaient inscrits sur les listes d'obtenir l'arriéré de leurs pensions jusqu'au jour où ils avaient songé à les demander, et la perspective de se faire payer en une fois une somme de trois à cinq mille dollars était très séduisante pour les hommes qui ne s'étaient pas avisés pendant quatorze ans de se faire porter sur ces bienheureuses listes. Le montant des pensions s'éleva l'année suivante à 56.777.174, c'est-à-dire à plus du double de ce qu'il était deux ans auparavant. Avec quelques fluctuations, elles continuèrent à s'élever avec l'accroissement du taux, et il arriva aussi que les vétérans de la guerre se découvrirent des blessures dont ils n'avaient pas eu conscience de vingt à trente ans auparavant. Les pensions atteignirent ainsi 106.936.835 dollars en 1890. Dans cette année, on passa le *Dépendent pension bill*, accordant des pensions aux survivants dont les infirmités n'avaient aucune connexion avec la guerre. Les pensions montèrent subitement, et en 1893, elles atteignirent leur point culminant de 159,357,557 dollars. Dans les deux années suivantes elles ont été au-dessus de 141.000.000, en 1896 de 139.000.000; enfin, en 1897, la liste des pensionnaires était montée à 983.525, et la somme payée à 141.053.083 dollars.

(*Journal du Commerce* de New-York.)

N. P. 178. — **La genèse des milliards.**

Aux États-Unis, le protectionnisme a engendré les coalitions industrielles désignées sous le nom de *trusts* qui ont permis de surélever les prix au-dessus du niveau de la concurrence et procuré ainsi aux coalisés des fortunes monstrueuses, acquises aux dépens du consommateur. Comment ces coalitions se sont fondées et comment elles opèrent en dépit de toutes les lois qui les interdisent, c'est ce qu'explique fort bien l'auteur d'un article sur le monde millionnaire américain dont nous reproduisons un extrait :

On n'entasse pas millions sur millions par les voies ordinaires, les petites pelletées n'y suffisent pas, il y faut employer un outil large et puissant : cet outil est le *trust*.

Pour se former une idée du *trust*, par analogie, il faut prendre pour exemple une confédération comme l'empire d'Allemagne et supposer que cet empire, au lieu d'être politique, est industriel et commercial. Le groupe financier détient dans le *trust* la puissance que dans l'empire germanique détient le royaume de Prusse. Malgré l'autonomie des Etats allemands, malgré leur apparence d'indépendance, ils sont enchaînés à un plus fort qu'eux tous réunis, ils ne peuvent bouger sans l'agrément de la Prusse, ils suivent sa politique, bon gré mal gré, parfois contre leurs propres intérêts ; il en est de même des industries secondaires en Amérique, accaparées par une puissante maison industrielle, enchaînées à elle par le pacte forcé du *trust*, enserrées dans l'étau d'une chancellerie de fer. C'est la loi du plus fort.

Le *trust* est donc une confédération financière d'accaparement par la grande industrie de toutes les moyennes industries similaires, formé dans le but de monopoliser la fabrication et, par là, de tuer la concurrence, d'empêcher la vente à bon marché des produits industriels, conséquemment d'imposer au marché des prix élevés en forçant, par un refus de livraison, le commerce à les adopter. Le consommateur est donc finalement la victime tondue par les *trusts*, la vache à lait qui les enrichit.

Les *trusts* tombent, en conséquence, sous l'application de la disposition suivante du Code pénal américain : « Si deux ou plusieurs personnes ont formé entre elles une association, soit pour empêcher une autre personne d'exercer un commerce licite ou un métier, soit pour commettre un acte nuisible à la santé ou à la morale publique, ou au commerce, ou à l'industrie, ces personnes se rendent coupables d'un délit. »

Il n'y a guère d'État dans l'Union dont la législation ne se soit inspirée de cette disposition pour promulguer des lois contre les *trusts*. L'Etat de New-York où les tentatives de monopole sont en raison de l'accumulation plus grande du capital devait se signaler dans cette voie plus qu'aucun autre État. En 1890, 1893 et 1896, des lois sont intervenues chaque fois plus sévères et plus précises contre les *trusts*.

La loi de 1893 punit le délit d'une amende qui ne peut excéder 5,000 dollars ou d'un emprisonnement ne dépassant pas une année, ou des deux pénalités.

La Georgie et l'Indiana ont récemment promulgué des lois identiques allant jusqu'à prohiber les « agences centrales de vente », travestissement nouveau sous lequel se présentent maintenant certains *trusts* et imaginé par les hommes de loi pour violer les lois.

Mais les *trusts*, souverains absolus, ne subissent pas de lois, ils les imposent. Ils en ont imposé une qui, à elle seule, en vaut cent, qui réduit à l'impuissance toutes celles méditant leur ruine, loi qui, en constituant le régime protectionniste, a posé en même temps le fondement de leur despotisme et assuré leur impunité triomphante. Le tarif Mac Kinley, nul ne l'ignore, a été leur œuvre, leur chef-d'œuvre, l'instrument grâce auquel ils ont pu, en entravant la concurrence étrangère, ruiner la concurrence intérieure. Débarrassés de l'importation, les *trusts* ont écrasé leurs rivaux, découragé les initiatives, empêché la fondation de nouvelles manufactures et maisons de commerce. De là, depuis 1890, déficit dans les recettes des douanes; de là, diminution énorme dans les impôts.

Ce résultat, prévu par les économistes de l'école libre-échangiste, en vertu du principe que les droits d'entrée les plus productifs au Trésor sont des droits de taux modéré, s'est produit dans le délai normal : pendant les trois premières années de la mise en vigueur du tarif Mac Kinley, le budget américain, grâce à sa force d'impulsion, grâce aux recettes fabuleuses opérées par les douanes dans les mois qui ont précédé l'application du tarif protectionniste, s'équilibre tant bien que mal ; mais à son quatrième exercice, en 1894, il se solde par un déficit de 69 millions de dollars ; en 1895, de 42 millions ; en 1896, de 25 millions, enfin, au 1er mars 1897, le déficit de ces trois années s'élevait à 186,061,580 dollars, près d'un milliard de francs. C'est ce que constatait, dans son message du 15 mars 1897, le même Mac Kinley, devenu président des États-Unis. On pouvait croire qu'édifié par l'expérience et par les chiffres sur les beautés d'un régime qui n'a enrichi que ses instigateurs aux dépens de la masse et des finances publiques, il l'aurait abandonné, il aurait fait volte-face en revenant à un tarif de droits modérés. Loin de là, il a fait présenter un projet qui est une aggravation de son fameux bill. Contre ce régime, les économistes américains ont beau s'élever, les électeurs ont eu beau le condamner deux fois en six ans, Mac Kinley s'obstine, il affecte de croire qu'il est le seul expédient capable d'équilibrer le budget.

La vérité est qu'il n'est pas libre d'agir autrement ; il est prisonnier des *trusts*, il est l'instrument dont ils se sont servis en 1890 pour faire voter le bill qui porte son nom ; il est leur président puisqu'ils ont fourni plus de 10 millions de dollars pour son élection. Il a les mains si fortement liées qu'il n'a plus que la faculté des mouvements contradictoires : tandis qu'il prenait dans son discours d'inauguration l'engagement de poursuivre les *trusts*, il consolidait, d'autre part, leur existence par le renforcement de son tarif sans lequel ils ne pourraient vivre. Remettant à plus tard le vote de lois *anti-trusts*, d'ailleurs condamnées d'avance à l'impuissance, il a commencé par demander la promulgation d'une loi de finances qui consacre et affermit leur puissance.

La seule loi efficace contre les *trusts* est un tarif de taux modéré qui, favorisant l'action de la concurrence étrangère, arrache aux étreintes du monopole intérieur l'industrie et le commerce dont le développement finit par combler le déficit des douanes et des impôts. Les pouvoirs publics dont les attributions sont limitées au soin d'équilibrer le budget, commettent une usurpation, un abus de pouvoir, un attentat contre la liberté commerciale et industrielle, en votant des tarifs de protection à outrance qui ne profitent qu'aux privilégiés des *trusts*, par là, ils donnent l'exemple de la violation des lois qu'eux-mêmes ont édictées contre le délit d'entrave au commerce et à l'industrie, et par une conséquence logique sont seuls responsables du déficit.

Si, grâce au bill Mac Kinley, les *trusts* ont pu défier toutes les lois forgées contre eux, quelles lois ne pourront-ils pas braver à l'abri du nouveau bill Dingley qui a dépassé les limites de la protection? Que leur importe qu'un texte énumère dans son anathème tous les mots suspects de pouvoir servir à la forme d'un pacte prohibé? Il n'atteint que des mots, il n'atteint pas la chose, qui est insaisissable.

... De ce qui précède, il appert clairement que le secret de ces fortunes dont l'énormité déroute l'esprit et paraît dépasser les limites des possibilités humaines, est tout entier dans le procédé du *trust*. Sans le *trust*, sans les coups de râteau qu'il ne cesse d'appliquer brutalement sur toute la surface du pays, il n'y aurait pas de gros tas, il serait impossible qu'il y en eût de plus gros que ceux des pays de libre concurrence, il n'y aurait qu'une foule de petits amas, équitablement répartis dans le champ du travail par le vent de la fortune. Ces dizaines, ces vingtaines, ces centaines de millions de dollars n'ont pas, ne peuvent avoir d'autre origine que la conspiration du *trust*. Comment le moindre million pourrait-il être gagné dans l'industrie, en dehors du *trust*, quand toutes les industries américaines sont syndiquées, et, si l'on nous permet cet anglicisme, *entrustées?*

... Donc, pour devenir archi-millionnaire, il faut quelque chose d'autre qu'un travail honnête et acharné, il faut d'abord imposer à son pays un régime de protection ruineux au trésor, ruineux aux particuliers; il faut accaparer la matière première et la fabrication, annihiler la concurrence, anéantir les industries rivales, se rendre maître du marché, porter atteinte à la liberté du commerce, corrompre les élus du peuple, récompenser les corrupteurs, fausser les ressorts de la machine gouvernementale.

Il faut tout cela pour faire quelques richissimes et beaucoup de miséreux.

(E. F. Johanet. *Autour du monde millionnaire américain.* Le *Correspondant.* N° du 25 octobre 1897.)

O. P. 193. — Les lois de la guerre. — Une lettre de M. de Moltke et la réponse de M. Bluntschli.

L'*Institut de Droit international* a publié en 1877 le résumé suivant de ces lois telles qu'elles ont été consacrées par des traités récents ou qui ont obtenu l'approbation et une sorte de sanction commune dans le travail collectif des représentants de tous les États européens, réunis à Bruxelles en 1874.

Le *Congrès de Paris de* 1856 a :

1° Interdit la course;

2° Protégé les ports de mer et le commerce neutre contre les effets d'un blocus purement fictif;

3° Déclaré exempts de saisie les vaisseaux neutres avec toute leur cargaison, et les marchandises neutres naviguant sous pavillon ennemi, à la seule exception de la contrebande de guerre.

La *Convention de Genève de* 1864 protège les militaires blessés ou malades, à quelque nation qu'ils appartiennent, neutralise en principe les ambulances et les hôpitaux militaires, avec leur personnel, et soustrait dans une certaine mesure aux charges de la guerre les habitants du pays envahi qui auront recueilli et soigné des blessés.

Des *Articles additionnels* à cette convention, signés en 1868, n'ont pas été ratifiés par les parties contractantes. Mais ceux d'entre ces articles qui étendent à la marine la convention de 1863 ont été adoptés comme *modus vivendi* par les belligérants durant la guerre de 1870-1871.

La *déclaration de Saint-Pétersbourg de* 1868 interdit l'emploi, sur terre ou sur mer, de tout projectile d'un poids inférieur à 400 grammes, qui serait ou explosible ou chargé de matières fulminantes ou inflammables.

Enfin et surtout le *projet de Déclaration internationale, arrêté par la Conférence de Bruxelles en* 1874, énonce les règles essentielles du droit de la guerre, telles qu'elles sont reconnues de nos jours dans les États civilisés. Cet acte, dû à l'initiative de S. M. l'Empereur Alexandre II, constate l'accord existant sur ce point tant entre les hommes compétents qui représentaient la Russie et la Turquie, que tous les autres Etats de l'Europe. Il est vrai que jusqu'ici il n'a pas reçu de sanction officielle. Mais il n'en doit pas moins être considéré, eu égard à sa nature et à son origine, comme l'expression raisonnable des obligations que la conscience juridique des peuples européens impose aujourd'hui aux armées belligérantes comme aux populations des pays envahis. A ce titre, il serait éminemment propre à servir de base à des instructions qui seraient données par les belligérants à leurs armées respectives. Dans tous les cas, une armée qui méconnaîtrait ces règles encourrait la réprobation de l'opinion publique, et renoncerait à son honneur de puissance ou d'armée civilisée.

Cet acte consacre en substance les règles suivantes, dont la force obligatoire paraît aujourd'hui incontestable :

a) Les habitants paisibles d'un pays occupé par l'ennemi doivent être respectés et protégés autant que possible, — c'est-à-dire autant que le permettent la sécurité de l'armée envahissante et les nécessités militaires, — dans leurs biens, dans leurs institutions et leurs usages, dans leurs droits et leurs libertés.

b) L'honneur et les droits de la famille, la vie et la propriété des individus, ainsi que leurs convictions religieuses et l'exercice de leur culte doivent toujours être respectés.

c) La destruction ou la saisie inutile d'œuvres d'art et de science, d'établissements consacrés aux cultes, à la charité et à l'instruction, aux arts et aux sciences, est interdite.

d) Les habitants peuvent défendre leur pays, à condition de porter les armes ouvertement, d'obéir à un chef responsable et de se conformer aux lois et aux coutumes de la guerre. Mais les combattants irréguliers qui, méconnaissant les lois de la guerre, se livrent à des actes de brigandage et de violence, sont justement punis.

e) L'emploi de poison ou d'armes empoisonnées, le meurtre par trahison, ou le meurtre d'un ennemi sans défense ne sont pas des moyens de guerre licites.

f) Ne peuvent être bombardées que les localités défendues par l'ennemi. Dans ce cas même, on usera de tous les ménagements compatibles avec les nécessités de l'attaque, et, en aucun cas, une ville prise d'assaut ne sera livrée au pillage.

g) Ne peuvent être considérés comme espions et punis comme tels, que les individus qui ont agi *clandestinement* ou *sous de faux prétextes*, et non les militaires non déguisés ou les messagers qui accomplissent ouvertement leur mission.

h) Les prisonniers de guerre doivent être traités avec humanité. Le but de leur captivité ne doit pas être de les punir, mais de les garder.

i) Les habitants du pays envahi ne peuvent être contraints à porter les armes contre leur patrie.

k) Tout pillage est interdit.

l) Les contributions de guerre et les réquisitions ne peuvent être imposées que sous des conditions et dans des limites déterminées.

m) Les parlementaires sont inviolables. Mais il est licite de prendre des mesures pour les empêcher de se procurer, grâce à leur situation privilégiée, des informations sur l'armée ennemie.

n) Les capitulations et les armistices doivent être rigoureusement observés. Les capitulations ne doivent pas être contraires à l'honneur militaire.

Pour l'Institut de droit international :

Le président,	Dr BLUNTSCHLI (Heidelberg).
Le 1er vice-président,	E. DE PARIEU (Paris).
Le 2e vice-président,	T. M. C. ASSER (Amsterdam).
Le secrétaire-général,	G. ROLIN-JACQUEMYNS (Gand).

Quelque temps après, l'*Institut de droit international* publiait un petit manuel des *Lois de la guerre sur terre*, à propos duquel M. de Moltke écrivait à M. Bluntschli, une très curieuse lettre, renfermant, comme il fallait s'y attendre, l'apologie de la guerre. Il nous a paru intéressant de la reproduire avec la réponse de M. Bluntschli.

Lettre de M. le comte de Moltke à M. Bluntschli.

« Berlin, le 11 décembre 1880.

« ... Vous avez eu la bonté de me communiquer le manuel que publie l'*Institut de droit international*, et vous souhaitez qu'il ait mon approbation.

« Avant tout, j'apprécie pleinement les efforts philanthropiques faits pour adoucir les maux qu'entraîne la guerre. La paix perpétuelle est un rêve, et ce n'est même pas un beau rêve. La guerre est un élément de l'ordre du monde établi par Dieu. Les plus nobles vertus de l'homme s'y développent : le courage et le renoncement, la fidélité au devoir et l'esprit de sacrifice ; le soldat donne sa vie. Sans la guerre, le monde croupirait et se perdrait dans le matérialisme.

« Je suis encore absolument d'accord avec la proposition énoncée dans l'avant-propos : que l'adoucissement graduel des mœurs doit se refléter aussi dans la manière de faire la guerre. Mais je vais plus loin, et je crois que l'adoucissement des mœurs est *seul* en état de mener au but, lequel ne saurait être atteint au moyen d'un droit de la guerre codifié. Toute loi suppose une autorité pour en surveiller et diriger l'exécution, et c'est ce pouvoir qui fait défaut quant à l'observation des conventions internationales. Quels États tiers prendront jamais les armes pour le seul motif que, deux puissances étant en guerre, les « lois de la guerre » ont été violées par l'une d'elles ou par toutes les deux ? Pour ce genre d'infractions, il n'y a pas de juge *ici-bas*. Le succès ne peut venir que de l'éducation religieuse et morale des individus et du sentiment d'honneur, du sens de justice des chefs, qui s'imposent eux-mêmes la loi et s'y conforment autant que le permettent les circonstances anormales de la guerre.

« Cela étant, il faut bien reconnaître aussi que le progrès de l'humanité dans la manière de faire la guerre a réellement suivi l'adoucissement général des mœurs. Que l'on compare seulement les horreurs de la guerre de Trente ans avec les luttes des temps modernes !

« Un grand pas a été fait de nos jours par l'établissement du service militaire obligatoire qui fait entrer les classes instruites dans les armées. Les éléments grossiers et violents en font sans doute toujours partie, mais ils n'y sont plus seuls comme jadis.

« En outre, les gouvernements possèdent deux puissants moyens de prévenir les pires excès : la discipline rigoureuse, maintenue en temps de paix et dont le soldat a pris l'habitude, et la vigilance de l'administration qui pourvoit à la subsistance des troupes en campagne.

« Si cette vigilance fait défaut, la discipline même ne saurait être maintenue qu'imparfaitement. Le soldat qui endure des souffrances, des privations, des fatigues, qui court des dangers, ne peut pas ne prendre qu' « en proportion des ressources du pays » : il faut qu'il prenne tout ce qui est nécessaire à son existence. On n'a pas le droit de lui demander ce qui est surhumain.

« Le plus grand bienfait, dans la guerre, c'est qu'elle soit terminée promptement. Il doit être permis, en vue de ce but, d'user de tous les moyens, sauf de ceux qui sont positivement *condamnables*. Je ne puis en aucune façon me dire d'accord avec la déclaration de Saint-Pétersbourg, lorsqu'elle prétend que « l'affaiblissement des *forces militaires* de l'ennemi » constitue le seul mode légitime de procéder dans la guerre. Non, il faut attaquer toutes les ressources du *gouvernement* ennemi, ses finances, ses chemins de fer, ses approvisionnements, et même son prestige.

« C'est avec cette énergie, et pourtant avec plus de modération que jamais auparavant, qu'a été conduite la dernière guerre contre la France. Le sort de la campagne était décidé au bout de deux mois, et les combats n'ont pris un caractère d'acharnement que lorsqu'un gouvernement révolutionnaire a encore prolongé la guerre pendant quatre mois, pour le malheur du pays.

« Je reconnais volontiers que le manuel, en des articles clairs et précis, tient plus de compte des nécessités de la guerre que ne l'ont fait des essais antérieurs. Cependant, la reconnaissance même, par les gouvernements, des règles qui s'y trouvent formulées, ne suffira pas pour en assurer l'exécution. C'est un usage de la guerre dès longtemps universellement reconnu que l'on ne doit pas tirer sur un parlementaire ; pourtant nous avons vu cette règle violée à différentes reprises dans la dernière campagne.

« Jamais article appris par cœur ne persuadera aux soldats qu'ils doivent voir un ennemi régulier (§ 214) dans la population non organisée qui prend les armes « spontanément » (ainsi de son propre mouvement) et met leur vie en péril à tout instant du jour et de la nuit. — Certaines exigences du manuel pourraient bien être irréalisables, par exemple la constatation de l'identité des morts après une grande bataille. — D'autres exigences prêteraient à la critique si l'intercalation des mots : « si les circonstances le permettent », « s'il se peut », « si possible », « s'il y a nécessité », ne leur donnait une élasticité sans laquelle l'inexorable réalité briserait le lien qu'elles lui imposent.

« Je crois qu'à la guerre, où tout doit être pris individuellement, les seuls articles qui se montreront efficaces sont ceux qui s'adressent essentiellement aux chefs. Telles sont les prescriptions du manuel touchant les blessés, les malades, les médecins et le matériel sanitaire. La reconnaissance générale de ces principes, ainsi que de ceux qui concernent les prisonniers, constituerait déjà un progrès essentiel vers le but que l'*Institut de droit international* poursuit avec une si honorable persévérance.

« Comte de MOLTKE,

« Feld-maréchal général. »

Réponse de M. Bluntschli à M. le comte de Moltke.

Heidelberg, Noël, 1880.

« Je suis fort reconnaissant de la communication détaillée et bienveillante du sentiment de Votre Excellence sur le Manuel des lois de la guerre. L'exposition de ce sentiment provoque de sérieuses réflexions ; j'y vois un témoignage de la plus haute importance, d'une valeur historique, et j'en ferai part immédiatement aux membres de l'*Institut de droit international*.

« Pour le moment, je ne crois pas pouvoir mieux prouver ma gratitude à Votre Excellence qu'en esquissant en quelques traits les considérations qui ont été déterminantes pour les membres de l'Institut et en constatant l'état des appréciations divergentes.

« Il va sans dire que les mêmes objets se présentent sous un jour différent et forment d'autres images, selon qu'ils sont envisagés sous le point de vue militaire ou sous le point de vue juridique. La différence est atténuée, mais non effacée, lorsque de sa position élevée un capitaine illustre considère aussi les grandes taches morales et politiques qui incombent aux États et que de leur côté les représentants de la science du droit des gens s'efforcent d'appliquer les principes du droit aux nécessités militaires.

« Pour l'homme de guerre, l'intérêt de la sécurité et des victoires de l'armée primera toujours celui des populations inoffensives, tandis que le juriste, convaincu que le droit est un rempart pour tous, et en particulier pour les faibles contre les forts, ne saurait s'affranchir du devoir d'assurer aux particuliers, dans les contrées occupées par l'ennemi, les garanties légales indispensables.

« Certains membres de l'Institut peuvent bien ne pas renoncer à l'espoir qu'un jour, grâce aux progrès de la civilisation, l'humanité parviendra à remplacer la guerre entre États souverains, telle qu'elle a lieu aujourd'hui, par une justice internationale organisée. Mais le corps même de l'Institut, dans sa totalité, sait bien que cet espoir n'a aucune chance d'être réalisé de notre temps et limite son activité dans ce domaine à deux buts principaux qu'il est possible d'atteindre :

« 1° Ouvrir et faciliter la voie judiciaire pour les contestations de peu d'importance qui s'élèvent entre les États, la guerre, en pareil cas, étant certainement un moyen disproportionné.

« 2° Contribuer dans la guerre même, à éclaircir et à fortifier l'ordre légal.

« Je reconnais sans réserve que les usages de la guerre se sont améliorés depuis la création des armées permanentes, qui a rendu possible une discipline plus rigoureuse et nécessité un soin plus grand de l'entretien des troupes; je reconnais encore sans réserve que le principal mérite de cette amélioration revient aux chefs militaires.

« Le pillage brutal et barbare a été interdit par des généraux avant que les juristes se fussent convaincus de son illégalité. Si, de nos jours, une loi reconnue par le monde civilisé défend d'une manière générale au soldat de faire du butin dans la guerre sur terre, c'est là un grand progrès de la civilisation, et les juristes y ont participé.

« Depuis que le service obligatoire a développé les armées permanentes en armées nationales, la guerre aussi est devenue nationale. Par là, l'importance et la nécessité des lois de la guerre se sont accrues, car, dans la diversité de culture et de sentiments qui règne entre les individus et entre les classes de la nation, le droit est presque le seul pouvoir moral dont tous reconnaissent la nécessité et qui réunisse tous les citoyens sous des règles communes. Il est un fait réjouissant et qui même élève l'âme, que nous constatons sans cesse dans l'*Institut de droit international* : on voit se former d'une manière toujours plus marquée une conviction juridique générale, unissant tous les peuples civilisés. Des hommes de nations facilement désunies et contraires, Allemands et Français, Anglais et Russes, Espagnols et Hollandais, Italiens et Autrichiens, sont le plus souvent tous d'accord sur les principes du droit international.

« C'est pourquoi il est possible de proclamer un droit international de la guerre, approuvé par la conscience juridique de tous les peuples civilisés.

« Or, lorsqu'un principe est consacré d'une manière générale, il exerce sur les esprits et sur les mœurs une autorité qui met un frein aux appétits sensuels et triomphe de la barbarie.

« Nous connaissons l'insuffisance des moyens de faire respecter et exécuter les prescriptions du droit des gens; nous savons aussi que la guerre, qui remue si profondément les peuples, surexcite les bonnes qualités comme les mauvais instincts de la nature humaine. C'est précisément pour cela que le juriste éprouve le besoin de présenter les préceptes juridiques dont il a reconnu la nécessité, exprimés avec clarté et précision, au sentiment de justice même des masses et à la conscience juridique de ceux qui les dirigent. Il a la ferme assurance que cette déclaration sera écoutée dans la propre conscience des intéressés et qu'elle trouvera un écho puissant dans l'opinion de tous les pays. »

« C'est aux États qu'incombe en premier lieu la mission de veiller, chacun dans les limites de sa souveraineté, à l'observation du droit international et à en punir les violations manifestes. L'administration du droit de la guerre doit donc être confiée avant tout à l'État qui exerce le pouvoir public là où une lésion s'est produite. Aucun État ne s'exposera à la légère et sans inconvénient ni danger au reproche mérité d'avoir méconnu ses devoirs internationaux ; il ne s'y exposerait même pas alors qu'il saurait ne courir aucun risque de guerre de la part des États tiers. Tout État, même le plus puissant, gagnera sensiblement en honneur devant Dieu et devant les hommes s'il est trouvé fidèle et sincère dans le respect et l'observation du droit des gens.

« Nous ferions-nous illusion en admettant que la foi au droit des gens comme en un régime sacré et nécessaire doit faciliter l'exercice de la discipline dans l'armée et aider à prévenir maintes fautes et maints excès nuisibles ? Moi du moins je suis convaincu que l'erreur, qui nous vient de l'antiquité, selon laquelle durant la guerre tout droit cesserait et tout serait permis contre la nation ennemie, — que cette erreur abominable ne peut qu'accroître les inévitables souffrances et maux de la guerre, sans nécessité et sans profit au point de vue de cette manière énergique de faire la guerre que moi aussi je crois bonne.

« Quant à la réserve mise à plusieurs dispositions (« s'il y a lieu », « selon les circonstances », etc.), nous la considérons en quelque sorte comme une soupape qui est destinée à préserver de rupture l'inflexible règle juridique, dans l'échauffement des esprits et la lutte contre des périls de divers genres, et à assurer ainsi l'application des règles dans beaucoup d'autres cas. De tristes expériences nous apprennent qu'il y a dans toute guerre de nombreuses violations du droit qui doivent inévitablement demeurer impunies, mais cela n'engagera point le juriste à rejeter le principe obligatoire violé. Tout au contraire : si, par exemple, en opposition au droit des gens, on a fait feu sur un parlementaire, le juriste maintiendra et proclamera avec d'autant plus de vigueur, la règle qui déclare les parlementaires inviolables.

« J'espère que Votre Excellence accueillera avec bienveillance l'exposé sincère de ces idées, et qu'elle y verra l'expression de ma gratitude, ainsi que celle de ma haute estime personnelle et de ma respectueuse considération.

« Dr BLUNTSCHLI.
« Conseiller intime, professeur. »

P. P. 196. — **La ligue des neutres.**

Il y a plus de quarante ans que l'auteur de ce livre a lancé dans la circulation l'idée de la constitution d'une Ligue des neutres, ayant pour objet d'assurer la paix. Cette idée, il l'a formulée et successivement développée dans une série d'articles publiés par l'*Économiste belge*, et de lettres adressées au *Times*, au *Pensiero*, etc., reproduites et commentées par un grand nombre de journaux. Toutefois, il doit convenir qu'aucun mouvement d'opinion ne s'est prononcé encore dans ce sens, et que les « sociétés des amis de la paix » se sont bornées jusqu'à présent à réclamer l'intervention de la force morale de l'opinion et le recours à l'arbitrage pour empêcher la guerre. L'auteur, tout en rendant hommage à leur généreuse propagande, se sépare d'eux sur ce point. Il ne croit pas que la force morale suffise pour établir la paix entre les États, pas plus qu'elle ne suffit pour la faire régner entre les individus; il est d'avis, en un mot, que la justice, pour être obéie, a besoin d'être appuyée sur la force.

Voici quelques-unes de ses publications relatives à la « Ligue des neutres » :

I. — Du rôle politique des États secondaires (*Economiste belge* du 5 avril 1855).

Il y a un fait qui frappe tous les yeux, c'est qu'à mesure que les relations internationales se développent, l'influence perturbatrice de la guerre s'étend davantage. Lorsque chaque nation vivait confinée dans l'isolement, lorsque le commerce extérieur n'avait qu'une faible importance, deux peuples pouvaient se quereller et se faire la guerre sans qu'il en résultât un dommage appréciable pour les autres nations spectatrices de la lutte. Sans doute, elles pouvaient craindre que l'assujettissement du plus faible portât atteinte plus tard à leur propre sécurité, et elles avaient, en conséquence, intérêt à se prémunir contre ce risque. Mais il ne s'agissait là que d'un risque ou d'un dommage purement éventuel. Au Moyen-Age par exemple, la guerre pouvait désoler pendant de longues années la France et l'Angleterre, sans que les autres nations de l'Europe s'en ressentissent beaucoup plus qu'elles ne se ressentent actuellement d'une querelle entre deux potentats nègres du Sénégal ou de la Guinée. Il n'en est plus de même aujourd'hui. Quand une guerre vient à éclater entre deux membres appartenant à la grande communauté des peuples civilisés, cette guerre inflige aussitôt un *dommage inévitable* à la communauté tout entière. C'est ainsi que la guerre d'Orient a déprimé dans toute l'Europe le cours des fonds publics et des valeurs industrielles, ralenti la production agricole, industrielle et commerciale, porté une mortelle atteinte à l'esprit d'entreprise, diminué, pour tout dire, la masse des revenus particuliers tout en contribuant à augmenter les dépenses publiques. Ce dommage ne saurait être apprécié aisément, mais il n'en est pas moins réel, et si nous devions en mesurer l'étendue aux souffrances dont nous sommes témoins, nous n'hésiterions pas à l'élever à plusieurs milliards pour l'ensemble des nations *qui se sont abstenues de participer à la lutte*.

Que résulte-t-il de là? C'est que non seulement toutes les nations sont de plus en plus intéressées à empêcher la guerre, mais encore, et comme conséquence, que leur droit d'intervenir dans les querelles d'autrui acquiert chaque jour plus de force et d'étendue; c'est que le *droit d'intervention* des nations spectatrices d'une querelle ou d'une lutte internationale, devient de moins en moins contestable; c'est, enfin, pour nous servir d'une comparaison empruntée au monde industriel, que la guerre acquiert chaque jour davantage, pour la grande communauté des nations civilisées, les caractères d'une « industrie dangereuse ou insalubre. »

Ce droit d'intervenir pour empêcher ou terminer un conflit qui porte atteinte aux intérêts des neutres aussi bien qu'à ceux des puissances belligérantes, ce droit n'est, au reste, aucunement nié. Il y a plus : depuis 1815, les principales puissances de l'Europe, ou, pour nous servir de l'expression consacrée, les grandes puissances, la France, l'Angleterre, l'Autriche, la Prusse et la Russie, se sont attribué à cet égard une véritable dictature. Qu'un conflit survienne entre deux nations, aussitôt les grandes puissances interviennent, d'abord par leurs bons offices, ensuite à main armée, si les bons offices ne suffisent point, et elles rétablissent la paix d'autorité.

... Ce système qui attribue une véritable dictature politique aux grandes puissances dans l'intérêt commun des nations civilisées peut être assez efficace pour mettre fin aux querelles des États secondaires, mais il l'est beaucoup moins lorsqu'une des grandes puissances se trouve en cause. Supposons, maintenant, que les États secondaires qui ont abandonné jusqu'à présent aux grandes puissances la direction exclusive de la politique générale de l'Europe ; supposons que les États secondaires qui jouent dans la grande communauté d'intérêts des peuples civilisés le rôle des petits actionnaires que l'on exclut de toute participation au gouvernement de certaines compagnies industrielles, en arguant de l'insuffisance de leur apport, supposons, dis-je, que les États secondaires cessent d'être exclus de la direction supérieure de cette grande communauté, et voyons ce qui en résultera.

La population de l'Europe est d'environ 230 millions d'habitants. Sur ce total, 170 millions appartiennent aux cinq grandes puissances, qui se sont attribué la direction politique de l'Europe. Restent pour les autres États, 80 millions d'hommes, constituant une masse de forces égale à celle de deux ou trois grandes puissances et dont cependant il n'est tenu aucun compte. Eh ! bien, supposons que chaque fois que la paix de l'Europe est menacée ou troublée, les États entre lesquels cette masse de forces se trouve éparpillée ; supposons que ces États s'entendent, se confédèrent, pour agir conformément à l'intérêt commun, supposons que le nombre des puissances dirigeantes de la politique européenne, qui est aujourd'hui de cinq seulement, se trouve ainsi porté à sept ou huit, la sécurité générale ne s'en trouvera-t-elle pas sensiblement consolidée ? Si au lieu d'avoir affaire à quatre puissances, sur lesquelles deux lui paraissaient favorables, et deux autres étaient divisées, l'empereur de Russie avait pu craindre l'hostilité de deux puissances de plus, *intéressées immédiatement à empêcher tout empiètement abusif d'une grande puissance sur le domaine d'un voisin plus faible*, n'aurait-il pas compris que ses desseins sur la Turquie ne pouvaient aboutir ? N'aurait-il pas renoncé à ouvrir à son profit la succession de l'empire ottoman, et les maux de la guerre actuelle (la guerre d'Orient 1854-56) n'eussent-ils pas été épargnés au monde ?

Ce n'est donc pas en faisant prévaloir partout et toujours

le principe de la *non intervention*, comme le veulent les amis peu éclairés de la paix, que l'on peut assurer davantage la paix du monde; c'est, au contraire, en étendant, en généralisant l'usage du droit d'intervention ; c'est en affranchissant les États secondaires, ces petits actionnaires de la communauté politique de l'Europe, de la tutelle des grandes puissances, c'est en leur attribuant la part proportionnelle d'influence qui leur est due dans la direction supérieure des intérêts de la communauté. Sans doute, en fortifiant et en complétant ainsi l'appareil préservatif de la guerre, on ne réalisera point d'emblée le rêve de l'abbé de Saint-Pierre ; mais on rendra certainement la paix plus durable si on ne la rend point perpétuelle. Quelle guerre de conquête, par exemple, serait encore possible, si la puissance envahissante avait à compter avec une coalition de six grandes puissances, dont deux constituées par la confédération politique des États secondaires, auraient un intérêt immédiat à s'opposer à tout empiètement des forts sur le domaine des faibles? Cela étant, la politique de conquête ne deviendrait-elle pas visiblement une politique mauvaise et surannée, une politique qui ne couvrirait plus ses frais? Ne finirait-on pas par y renoncer, en économisant une partie de l'appareil militaire, qui est l'outillage nécessaire de cette politique? Les grandes puissances désarmeraient donc ou, du moins, elles réduiraient sensiblement leurs armements, et les petites pourraient les imiter sans avoir rien à craindre pour leur sécurité.

Tel serait, croyons-nous, le résultat inévitable de l'intervention active des petits actionnaires de la communauté européenne dans les questions qui intéressent l'ensemble de cette vaste communauté politique.

II. — Le droit de la paix (*Economiste belge* du 12 novembre 1859).

... Quoi qu'on fasse, de quelque respect que l'on entoure le territoire et la propriété des neutres, on ne peut plus, par suite des changements survenus dans les rapports internationaux, par suite de l'établissement d'une communauté croissante d'intérêts, faire la guerre sans porter une atteinte sérieuse et profonde aux intérêts de la généralité des peuples civilisés. Quoi qu'on fasse pour réduire la guerre aux proportions d'un *fait local*, elle devient, en vertu des nouveaux rapports que la multiplication des capitaux et l'entrelacement des intérêts commerciaux ont établis, un *fait général*. Autrement dit, la guerre qui n'affectait sensiblement autrefois que les intérêts des parties belligérantes, est devenue, au siècle où nous sommes, une *nuisance universelle*.

Qu'en résulte-t-il ? C'est que le *droit de la guerre* qui était jadis absolu et illimité de nation à nation, se trouve aujourd'hui en présence d'un autre droit, d'un droit nouveau issu de la communauté croissante des intérêts internationaux et qu'on pourrait nommer le *droit de la paix*.

Servons-nous d'une simple comparaison pour montrer le changement survenu dans les rapports des nations et, par conséquent, dans l'existence du droit de la guerre. Supposons que deux hommes aient une querelle et que, faute du bon sens et de la moralité nécessaires pour la vider à l'amiable par devant arbitres, ils aient recours à la force. Ils s'en vont dans un pré, loin de toute habitation et ils dégaînent. Nul n'a rien à y voir. Nul n'a le droit positif de s'interposer pour les empêcher de s'entretuer à leur aise, puisque tel est leur bon plaisir. Ils sont les maîtres de leur vie, — laquelle n'a pas d'ailleurs, selon toute apparence, une valeur bien haute, — ils peuvent la risquer et la perdre, sans que les autres hommes aient à s'en émouvoir beaucoup. Mais supposons qu'au lieu d'user de « leur droit de la guerre » dans un carrefour désert, où ils ne peuvent faire de mal qu'à eux-mêmes, nos deux écervelés ou nos deux sacripants, comme on voudra, s'avisent d'en user au beau milieu de la rue et qu'ils compliquent l'affaire en se servant d'armes à feu au lieu d'armes blanches, quelle sera la situation et qu'arrivera-t-il? Leur « droit de la guerre » sera-t-il encore, comme dans le cas précédent, entier et incontestable? Les passants dont ils compromettent la sécurité, les boutiquiers dont ils effraient la clientèle, les propriétaires dont ils feraient baisser les loyers s'il leur plaisait de continuer longtemps ce jeu dans un lieu habité, n'auront-ils pas le droit de leur courir sus et d'exiger au besoin des dommages-intérêts s'ils ont estropié quelque bourgeois ou brisé quelque vitrine? En vain objecteront-ils le droit naturel et imprescriptible qu'ils possèdent, de s'entretuer à coups de revolver ou autrement, on leur répondra avec raison qu'ils ne peuvent exercer leur droit qu'à la condition de ne porter aucune atteinte au droit d'autrui, qu'ils peuvent s'entrecasser la tête et les membres, mais qu'ils n'ont aucun droit sur la tête et les membres, non plus que sur les vitrines des gens de la rue. Que s'ils persistent on mettra la police à leurs trousses, et s'il n'y a pas de police, bourgeois et passants, après s'être mis d'abord prudemment à l'écart, s'entendront à la longue pour en finir avec ces perturbateurs publics, qui rendent la rue dangereuse et arrêtent le commerce. D'où il résulte nécessairement que tout individu, particulier ou souverain qui, pour une cause quelconque, légitime ou non, rompt la paix publique, agit par là même en ennemi vis-à-vis de la communauté paisible dont il trouble le repos, dont il compromet l'existence et les intérêts. En vain fera-t-il valoir la bonté de sa cause, la pureté de ses intentions et la grandeur de son « idée », tout cela ne l'autorise pas à tirer des coups de pistolet dans la rue et à endommager les vitrines des bourgeois. A quoi nous ajouterons que ceux-là dont il compromet la sécurité, ont, à leur tour, le droit naturel et imprescriptible de se jeter sur ce perturbateur public, si vertueuses que soient ses intentions, si sacré que soit son « but », et de le mettre hors d'état de nuire, absolument comme s'il s'agissait du premier malfaiteur venu.

Le droit de la paix, issu de la communauté d'intérêts créée par la civilisation, a donc surgi en présence du droit de la guerre issu de l'isolement des temps barbares.

III. — Projet d'association pour l'établissement d'une ligue des neutres [1].

La situation actuelle de l'Europe est de nature à inspirer les craintes les plus sérieuses aux amis de la paix. Depuis la funeste guerre de 1870, cette situation s'est continuellement aggravée. Quoique la France ait manifesté, à diverses reprises, son attachement à la politique de la paix, l'Allemagne, devenue une nation essentiellement militaire, a été sur le point, en 1875 et au commencement de 1887, de déchaîner de nouveau la guerre, en vue d'assurer les résultats acquis par la campagne 1870-71 et sanctionnés par le traité de Francfort. En présence de cette éventualité redoutable et de la menace qu'elle contient pour la sécurité générale, toutes les nations ont augmenté leurs armements et les ont portés finalement à un point qui n'avait jamais été atteint, même aux époques des grandes invasions barbares. L'Europe continentale est devenue un vaste camp. Les effectifs militaires qu'elle maintient sur pied en pleine paix s'élèvent au chiffre énorme de 3,860,000 hommes. En temps de guerre, ils

[1] Publié par le *Times*, 28 juillet 1887.

peuvent être portés à 12,455,000. L'entretien de ces effectifs, sans compter les frais de construction des forteresses et de la réfection périodique du matériel que nécessite le perfectionnement continu des instruments d'attaque et des appareils de défense, absorbe annuellement une somme de 4,600 millions de francs. Les revenus ordinaires des États n'y peuvent pas suffire, et depuis 1870, les dettes des nations européennes se sont élevées, sous l'influence de cette cause, de 75 milliards à 115. Mais l'accroissement du risque de guerre et la multiplication des armements qui en a été la conséquence n'ont pas seulement augmenté les charges militaires et fiscales qui accablent les populations; ils ont causé un autre mal, à la fois moral et économique, non moins menaçant peut être pour l'avenir. Ils ont réveillé les haines nationales que la paix et le développement des relations commerciales avaient assoupies et provoqué une réaction protectionniste qui tend à exclure du marché de chaque pays, avec les produits du travail, les travailleurs eux-mêmes. A la fin d'un siècle marqué par tant d'inventions merveilleuses qui ont rapproché les peuples et rendu les régions les plus reculées du globe accessibles à la civilisation, l'étranger redevient ce qu'il était aux époques d'isolement et de barbarie : un ennemi.

Les choses en sont arrivées à ce point qu'on s'est demandé si la guerre elle-même ne serait pas préférable au régime ruineux et démoralisateur de la paix armée. Il en serait ainsi peut-être si une conflagration européenne devait avoir pour conséquence la suppression ou tout au moins l'abaissement du risque de guerre et le désarmement. Malheureusement, l'expérience nous apprend que la guerre n'engendre pas la paix, mais la guerre. Toute lutte entre deux nations contient, quelle qu'en soit l'issue, le germe d'une guerre future. Ce germe grandit pendant la trêve que l'épuisement de leurs forces et de leurs ressources a imposée aux adversaires; il se développe et porte tôt ou tard ses fruits empoisonnés. La guerre de 1870 a augmenté la somme des haines politiques qui existaient auparavant en Europe. Comment la guerre future, en mettant aux prises des peuples en proie à une animosité devenue plus violente, contribuerait-elle à les réconcilier ? Elle les conduira probablement à la banqueroute, elle ne les conduira pas au désarmement.

Ce n'est donc pas à la guerre qu'il faut demander l'établissement d'un régime de « paix désarmée ». Ce régime, serait-il possible de l'instituer, en se bornant, comme le veut l'*International arbitration and peace association*, à créer un tribunal pour vider les différends des Etats sans mettre à la disposition de ce tribunal la force nécessaire pour faire exécuter ses verdicts ? De bienveillants amis de la paix continuent à nourrir cette illusion philanthropique, mais sans réussir à la propager. Le bon sens public se refuse à croire que des puissances animées de passions hostiles et disposant d'armements formidables se résignent bénévolement à accepter les décisions d'un tribunal investi d'une autorité purement morale : soit qu'il s'agisse des nations ou des individus, il ne croit pas à l'efficacité d'une justice sans gendarmes. Aussi les Sociétés de la paix ne recrutent-elles aujourd'hui que de rares adhérents, en dépit de l'ardeur convaincue de leurs dignes promoteurs et quoique le besoin de la paix soit de plus en plus ressenti par la généralité des classes industrieuses, qui supportent le lourd fardeau des armements, en attendant les calamités de la guerre. C'est que le bon sens pratique du public lui enseigne qu'on n'arrête pas le cours d'un torrent avec une toile d'araignée, et que la force morale ne peut avoir raison de la force matérielle qu'à la condition de lui opposer une force matérielle supérieure.

Mais peut-on, dans l'état présent des choses en Europe, mettre au service de la paix une force matérielle suffisante pour empêcher la guerre ? La constitution d'une telle force serait-elle conforme au droit des gens, et, d'une autre part, y a-t-il en Europe des États assez intéressés au maintien de la paix pour constituer et mettre en œuvre, à leurs frais et risques, cet instrument de pacification ?

Le droit des gens reconnaît aux États le droit de faire la guerre ; mais comme tous les droits, le droit de la guerre est limité par le droit d'autrui. Un État n'a, pas plus qu'un simple individu, le droit d'infliger un dommage à autrui, même en poursuivant un but qu'il considère comme légitime. Or, à cet égard, les progrès de l'industrie et du commerce ont complètement changé la situation des États belligérants vis-à-vis des neutres. Jusqu'à une époque relativement récente, le commerce extérieur des États civilisés et le placement des capitaux à l'étranger n'ont eu qu'une faible importance : chaque pays produisait lui-même la presque totalité des articles de sa consommation et employait ses capitaux exclusivement dans ses propres entreprises. En 1613, par exemple, la valeur totale des importations et des exportations de l'Angleterre et du pays de Galles ne dépassait pas 4,628,000 liv. st., et un siècle plus tard, le commerce extérieur de toutes les nations européennes n'égalait pas en importance le commerce actuel de la petite Belgique. Le prêt international des capitaux était moins développé encore que le commerce des marchandises. On ne trouvait guère qu'en Hollande des capitalistes disposés à confier leurs fonds à des gouvernements étrangers et encore moins à les aventurer dans des affaires industrielles au delà des frontières de leur pays ou même de leur province.

Il résultait de là que lorsqu'une guerre venait à éclater entre deux États, elle ne faisait subir aux populations des États neutres qu'un dommage partiel et insignifiant. Une guerre entre la France et l'Espagne ou l'Allemagne n'affectait pas beaucoup plus les intérêts de l'Angleterre que n'aurait pu le faire une guerre entre la Chine et le Japon.

La guerre avait alors un caractère purement local et les dommages qu'il est dans sa nature de causer ne dépassaient que par exception les limites des pays et même des localités qui en étaient le théâtre. Les progrès de la machinerie industrielle et, en particulier, des moyens de communication ont créé, sous ce rapport, un ordre de chose entièrement nouveau. Le commerce des marchandises et le prêt des capitaux se sont, depuis un demi-siècle surtout, progressivement accrus et internationalisés. Le commerce extérieur des peuples civilisés, qui n'atteignait pas deux ou trois milliards il y a deux siècles, dépasse actuellement quatre-vingts milliards, et c'est également par dizaines de milliards que se chiffre le prêt des capitaux à l'étranger. Dans chaque pays, une portion de plus en plus nombreuse de la population dépend, pour ses moyens d'existence et sa subsistance, de ses relations avec l'étranger, soit qu'il s'agisse de l'exportation des produits de son industrie ou du prêt de ses capitaux, qui lui fournissent, sous forme de salaires, de profits ou d'intérêts, les revenus avec lesquels elle achète les objets de sa consommation, soit qu'il s'agisse de l'importation des denrées nécessaires à sa subsistance. En France, c'est environ le dixième de la population qui se trouve ainsi immédiatement dépendante de l'étranger ; en Belgique, la proportion s'élève au tiers et elle ne doit pas être en Angleterre bien éloignée de ce chiffre.

Aussi longtemps que la paix subsiste, on ne peut que s'applaudir de ce développement et de cet entrecroisement des relations internationales, car ils se traduisent par une augmentation progressive de bien-être et de civilisation : mais qu'une guerre vienne à éclater parmi les peuples civilisés, aussitôt ce qui était un bien pour tous devient un mal pour chacun. Sans parler des frais extraordinaires d'armement que le soin de leur sécurité inflige aux neutres, ils sont atteints, quoi qu'ils fassent, et par la crise que toute grande guerre déchaîne sur le marché des capitaux, et par l'interruption ou la dimiuution de leur commerce avec les belligérants. Qu'on se rappelle, pour ne citer qu'un seul exemple, les désastres et la misère effroyables que la guerre de la Sécession américaine a occasionnés dans tous les centres manufacturiers auxquels les États du Nord fournissaient la matière première de leur industrie! C'est que la guerre n'est plus comme autrefois une nuisance locale, c'est qu'elle atteint les intérêts des neutres presqu'autant que ceux des belligérants; en un mot, c'est qu'à une époque où, en dépit de toutes les barrières, le commerce a lié et solidarisé de plus en plus les intérêts des peuples, la guerre est devenue une nuisance générale.

Cela étant, les neutres n'ont-ils pas le droit d'empêcher cette nuisance de se produire? En vain, un gouvernement belliqueux invoquerait-il, à l'encontre de ce droit nouveau, issu des progrès de l'industrie et de la civilisation, l'antique droit de la guerre; comme il n'est plus en son pouvoir d'exercer ce droit sans causer aux neutres un dommage qu'aucune indemnité ne suffirait à compenser, les neutres peuvent, en invoquant à leur tour l'intérêt légitime de leur conservation, lui en interdire l'exercice. Que deux duellistes s'en aillent vider leur querelle dans un endroit écarté, où leurs pistolets ne peuvent atteindre personne, il n'y aura pas grand inconvénient à leur permettre d'exercer librement leur « droit de la guerre »; mais qu'ils s'avisent de se tirer des coups de revolver dans un carrefour populeux, les passants, à défaut de la police, ne seront-ils pas pleinement autorisés à empêcher ce mode d'exercice du droit de la guerre, en raison du danger auquel il les expose? Il en est ainsi de la guerre entre les États : les neutres n'avaient qu'un faible intérêt à l'empêcher lorsqu'elle ne leur causait qu'un dommage insignifiant; on pouvait même leur en contester le droit;

mais ce droit n'est-il pas devenu manifeste depuis que la guerre *ne peut plus se faire* sans mettre en péril les intérêts et l'existence même d'une portion de plus en plus nombreuse de leurs populations ?

Il importe de remarquer encore qu'en exerçant leur droit d'interdire des guerres devenues, par le fait du progrès, nuisibles à la communauté civilisée tout entière, les neutres auraient pour eux non seulement l'opinion de leurs propres populations, mais encore celle de l'immense majorité des populations vivant de l'agriculture, de l'industrie et du commerce dans les pays entraînés à la guerre. Ce n'est pas, en effet, le peuple lui-même qui est appelé à décider de la justice et de la nécessité d'une guerre à laquelle tous les citoyens sont contraints aujourd'hui à participer de leur sang et de leur argent; cette décision appartient à un petit nombre d'hommes politiques et de chefs militaires, dont les intérêts sont étrangers à ceux de l'industrie : souvent même elle appartient à un seul homme, et ce n'est rien exagérer de dire que la paix du monde est actuellement à la merci de trois ou quatre personnages, souverains ou ministres, qui possèdent le pouvoir de déchaîner, du jour au lendemain, le fléau de la guerre, et, en le déchaînant, de causer à la communauté civilisée, en y comprenant les neutres, sur lesquels ils n'ont cependant aucune juridiction, des maux et des dommages sans nombre. Ce pouvoir exorbitant, les despotes les plus absolus des époques de barbarie ne l'ont pas possédé ; les nations indépendantes et libres de notre époque de civilisation sont obligées de le subir, faute de s'accorder pour y mettre un frein.

Cet accord pour maintenir un état de paix commandé par l'intérêt général et conforme aux vœux de l'immense majorité des populations réputées les plus belliqueuses, cet accord que le développement croissant des relations internationales rend de plus en plus nécessaire, n'y a-t-il pas lieu de le réaliser avant qu'une guerre, qui s'annonce comme plus sanglante et destructive qu'aucune des guerres précédentes, vienne à éclater? Les États qui en prendront l'initiative n'auront-ils pas rendu à l'humanité et à la civilisation le plus signalé des services? Et cette initiative, n'est-ce pas aux nations auxquelles la guerre peut causer aujourd'hui la plus grande somme de dommages, soit en atteignant leurs intérêts économiques, soit en menaçant leur indépendance politique, qu'il convient de la demander? Telle est, au premier de ces points de vue, l'Angleterre; tels sont, au second, les petits États du continent, la Hollande, la Belgique, la Suisse et le Danemark.

En inaugurant dans le monde la politique du libre-échange, l'Angleterre a, sinon créé, du moins avancé et développé l'état nouveau de dépendance mutuelle des peuples pour la satisfaction économique de leurs besoins. Au début de cette politique, en 1826, son commerce extérieur ne s'élevait qu'à 79,426,000 livres sterling; soixante ans après, en 1886, il montait à 561,744,000 livres sterling. Il avait septuplé. Dans le même intervalle, les capitaux anglais s'étaient répandus dans le monde entier pour créer des chemins de fer, des lignes de navigation, des entreprises industrielles de tout genre à l'avantage réciproque des emprunteurs et des prêteurs; mais si cette politique de *free trade* et d'internationalisation croissante des intérêts a contribué à augmenter, dans des proportions inattendues et extraordinaires, le bien-être des populations, elle a rendu l'Angleterre plus dépendante des autres nations. Une circonstance spéciale a accru encore cette dépendance : c'est que les articles d'importation de l'Angleterre consistent principalement en denrées alimentaires. L'abolition des *corn laws* a permis aux Anglais de se procurer, par l'échange de leurs produits industriels contre les produits agricoles de l'étranger, la plus grande partie de leur nourriture à meilleur marché qu'ils ne pourraient l'obtenir en la produisant eux-mêmes. Sur 35 millions d'habitants du Royaume-Uni, environ 20 millions sont nourris de viande, blé, légumes, fruits, etc., provenant de l'étranger, et plusieurs millions d'Anglais tirent leurs revenus des industries dont les produits servent à acheter économiquement cette subsistance de la majorité de la population. Aussi longtemps que la paix subsiste dans le monde civilisé, cet état de choses ne présente que des avantages; il permet au peuple anglais de dépenser moins de travail que tout autre peuple pour se procurer les nécessités de la vie; mais qu'une guerre éclate, qu'une partie des marchés de vente et d'approvisionnement de l'Anglerre viennent à se fermer ou simplement à se rétrécir, de quels revenus vivront les ouvriers de Manchester, de Glasgow, Birmingham, etc., qui produisent les articles avec lesquels s'achètent à l'étranger les denrées alimentaires? De quoi se nourrira la multitude des consommateurs auxquels l'étranger cessera de pouvoir fournir son contingent habituel de subsistances? C'est là, on le sait, l'argument capital que les *fair traders* opposent au *free trade*; mais, au point actuel de développement de l'industrie britannique, ne serait-il pas impossible et chimérique de retourner en arrière, en réduisant la production des cotonnades, des lainages, des fers, des machines, etc., aux besoins du marché du Royaume-Uni et de ses colonies? Le danger que signalent les *fair traders* n'en est moins réel. Plus un pays dépend de l'étranger pour ses revenus et sa subsistance, plus grands sont les dommages et les périls auxquels la guerre l'expose. La conclusion de ce fait, ce n'est pas qu'il faut revenir à la politique commerciale en vigueur avant l'avènement de la vapeur et du *free trade*, c'est qu'il faut compléter et assurer la politique du *free trade* en garantissant la paix. Et c'est, par là même, à l'Angleterre, qui a inauguré la politique du *free trade*, qu'il appartient de prendre l'initiative d'une politique destinée à empêcher la guerre.

Aux intérêts économiques que la guerre met en péril se joint, pour les petits États du continent, la Hollande, la Belgique, la Suisse et le Danemark, un intérêt politique de premier ordre : l'intérêt de leur indépendance ou tout au moins de l'intégrité de leurs frontières. Les petits États n'ont rien à gagner à une guerre européenne, au contraire ; car l'expérience atteste que c'est presque toujours à leurs dépens que se concluent les arrangements territoriaux auxquels aboutissent les guerres entre les grands États.

Supposons maintenant que l'Angleterre, en s'appuyant d'une part sur le droit des gens, d'une autre part, sur des intérêts communs, particulièrement menacés par une nouvelle guerre européenne, s'associe avec les petits États continentaux que nous venons de nommer pour constituer une *Ligue des neutres*, et voyons de quelle force militaire pourra disposer cette Ligue. En temps de paix, l'effectif militaire des cinq États est de 453,432 hommes, dont 200,785 pour l'Angleterre et 252,647 pour la Hollande, la Belgique, la Suisse et le Danemark. En temps de guerre, il peut être porté à 1,095,223 hommes[1]. A cette armée de plus d'un million de soldats se joindrait, par l'union des flottes de l'Angleterre, de la Hollande et du

1 EFFECTIFS MILITAIRES

	Temps de paix.	Temps de guerre.
Angleterre........	200,785	607,690 (*
Hollande........	51,709	131,709 (**
Belgique.........	47.290	103,860
Danemark........	36,469	50,469
Suisse............	117,179	201,225
	453,432	1,095,223

(*) Non compris l'armée de l'Inde.
(**) Non compris l'armée des Indes hollandaises.

Danemark, la marine militaire la plus puissante qui existe ; enfin, pour mettre en œuvre ce colossal instrument de coercition, la Ligue aurait à son service les ressources financières d'une nation qui possède le premier crédit du monde. En admettant qu'un nouveau conflit vienne à se produire entre deux des grandes puissances continentales, l'Allemagne, la France, l'Autriche ou la Russie, n'est-il pas certain que la Ligue, en unissant ses forces à celles de l'État menacé d'une agression, comme l'a été la France en 1875 et au commencement de 1887, comme pourrait l'être toute autre puissance, lui assurerait la victoire? Cette intervention d'un pouvoir pacificateur, disposant d'une force égale, sinon supérieure à celle de la plus grande puissance militaire du continent, et secondé moralement par l'opinion universelle, ne guérirait-elle pas les-États les plus belliqueux de la tentation de troubler désormais la paix du monde ?

Mais s'il était bien avéré qu'aucun Etat, si puissant qu'il soit, ne peut plus troubler la paix sans s'exposer à avoir affaire à une force supérieure à la sienne, qu'arriverait-il? Il se produirait alors dans l'Europe moderne le même phénomène qui s'est produit à la fin du moyen âge au sein des États où le souverain est devenu assez fort pour contraindre les seigneurs à observer la paix : les plus puissants et les plus ambitieux ont désarmé, après avoir éprouvé à leurs dépens qu'ils ne pouvaient désormais troubler la paix sans s'exposer à un rude et inévitable châtiment. Chacun se trouvant protégé par une puissance supérieure à celle des plus puissants, les propriétaires de châteaux forts ont comblé leurs fossés pour y semer du blé et les villes se sont débarrassées des enceintes fortifiées dans lesquelles elles étouffaient ou les ont transformées en promenades. De même, les puissances actuellement les plus agressives finiraient par désarmer si, chaque fois qu'elles emploieraient leurs armements à menacer la paix, elles rencontraient des armements plus forts employés à la défendre.

Garantir la paix entre les peuples civilisés et provoquer ainsi le désarmement en rendant les armements inutiles, tel serait le but de l'institution de la *Ligue des neutres*.

Cette Ligue, les gouvernements ne prendront pas d'eux-mêmes, est-il nécessaire de le dire? l'initiative de l'établir. La pression de l'opinion seule pourra les y déterminer. C'est pourquoi nous nous adressons à l'opinion en fondant une « Association pour l'établissement d'une Ligue des neutres ». Cette Association aura pour objet spécial et limité de provoquer en Angleterre, en Hollande, en Belgique, en Suisse et en Danemark, par des publications et des meetings, une agitation qui exerce sur les gouvernements une pression assez énergique pour les décider à constituer entre eux la Ligue, tout en la laissant ouverte aux autres États. Ce but atteint, l'Association se dissoudra, comme s'est dissoute, après l'abolition des lois-céréales, son aînée, la Ligue du *free trade*, dont elle se propose de compléter l'œuvre de liberté et de paix.

IV. — Comment on peut empêcher la guerre et désarmer la paix en Europe

(Publié par *Il Pensiero Italiano*, septembre 1891).

Notre Europe civilisée offre aujourd'hui, aux regards du philosophe et de l'économiste, le spectacle étrange et douloureux de l'accroissement pour ainsi dire parallèle du besoin de la paix et de l'augmentation du risque de guerre entraînant le développement de l'appareil militaire destiné à assurer les populations contre ce risque. Que le besoin de la paix s'accroisse, c'est un phénomène dont on se rend aisément compte quand on examine les résultats des progrès accomplis surtout depuis un demi-siècle, à la fois dans les arts de la production et dans ceux de la destruction. Les progrès de l'industrie ont augmenté dans d'énormes proportions la puissance productive de l'homme, et suscité un développement de la richesse sans précédent dans l'histoire, mais en perfectionnant le mécanisme producteur et distributeur de cette richesse, ils l'ont rendu plus délicat et plus sensible aux perturbations de tous genres. Lorsque la masse de la population de chaque pays subsistait au moyen d'industries purement locales, lorsque la sphère de ses échanges ne s'étendait que par exception au delà des limites de la province ou même du canton, lorsque le commerce extérieur de l'ensemble des nations civilisées n'égalait pas en importance celui de la Belgique ou de la Suisse, — et tel était l'état de choses il y a moins de deux siècles, — les perturbations et les maux causés par la guerre se concentraient presque exclusivement sur le théâtre même de la lutte. Il n'en est plus ainsi aujourd'hui. La simple appréhension d'une guerre détermine une crise qui s'étend de proche en proche dans l'ensemble de la communauté civilisée désormais unie et solidarisée par les liens multiples et entrecroisés de l'échange, le monde des affaires s'inquiète, le crédit se resserre et il cesse de fournir à l'industrie et au commerce leurs aliments accoutumés, le travail menace de s'arrêter et de laisser sans moyens d'existence le peuple des ateliers. Lorsque la guerre éclate, elle exige aussitôt la mise en réquisition de toutes les forces et de toutes les ressources de la nation. Toute la population valide est appelée à y prendre part : les armées se chiffrent par millions et les sommes nécessaires pour les mettre en mouvement avec leur matériel colossal se comptent par milliards. Les impôts ordinaires et, extraordinaires ne suffisent plus à y pourvoir : il faut recourir aux emprunts et, à défaut des emprunts volontaires, à l'emprunt forcé et désastreux du papier-monnaie.

On s'explique assez, en examinant ces conditions nouvelles des luttes de nation à nation, en tenant compte de l'énorme accroissement des sacrifices qu'elles exigent et des dommages qu'elles causent, que la guerre soit aujourd'hui plus que jamais redoutée comme la pire des calamités et que le maintien de la paix soit l'objet de la demande universelle. Ce qu'on s'explique moins, c'est, en présence de cet accroissement manifeste du besoin de la paix, l'accroissement pour ainsi dire continu du risque de guerre, impliquant un développement correspondant des armements destinés à le couvrir.

Ce phénomène a cependant sa raison d'être, et on peut en trouver la cause principale sinon unique dans les progrès même qui ont rapproché les peuples et multiplié leurs relations. Quand deux hommes n'ont que des rapports d'affaires intermittents et rares, ils n'ont que bien peu d'occasions de conflits et de procès; quand leurs rapports deviennent quotidiens et augmentent d'importance, les risques de conflits et de procès ne manquent pas de s'accroître. Il en est de même pour les nations, et comme il n'existe point de tribunaux investis du pouvoir de juger leurs différends et d'y mettre fin, elles sont bien obligées de se mettre en mesure de défendre elles-mêmes leur droit ou ce qu'elles considèrent comme leur droit. De là, l'accroissement naturel du risque de guerre et la progression non moins naturelle des armements destinés à assurer les nations contre ce risque croissant. A cette cause générale et permanente, se joint actuellement en Europe une cause accidentelle : le différend entre la France et l'Allemagne, causé par la funeste guerre de 1870, mais, en admettant même que cette cause de l'aggravation du risque de guerre qui pèse sur la communauté civilisée, n'existât point ou vînt à être éliminée, le risque ne disparaîtrait point. Si le niveau de ce risque venait à être abaissé momentanément, quelque autre querelle, quelque autre procès international ne tarderait pas, selon toute apparence, à le relever, et, après une courte période de diminution des armements, à déterminer le rétablissement du même pied de paix armée.

Ce déplorable état de choses a éveillé la sollicitude des amis de la paix et celle des hommes d'État, les uns à un point de vue purement philanthropique, les autres au point de vue plus pratique de la conservation du *statu quo* politique de l'Europe, et ils ont cherché en conséquence les moyens, ceux-là d'assurer la paix d'une manière permanente, tout en la désarmant, ceux-ci simplement d'éloigner, autant que possible, l'échéance, qu'ils considèrent d'ailleurs comme à peu près inévitable, du risque d'une guerre européenne.

Le moyen que s'accordent à préconiser les amis de la paix pour la garantir et aboutir au désarmement, vous le connaissez, c'est l'arbitrage et l'établissement d'un tribunal international, dont les décisions seraient sanctionnées par la force morale de l'opinion. Mais est-il bien nécessaire de démontrer l'inefficacité de ce procédé? Il y a sans doute des différends ou des procès internationaux qui peuvent être vidés par la voie de l'arbitrage, et nous en avons fréquemment des exemples; en revanche, il y en a — et ce sont les plus graves et les plus dangereux — qu'aucune nation ne consentirait à soumettre à un arbitre; tel est le procès actuellement pendant entre la France et l'Allemagne, au sujet de la possession de l'Alsace-Lorraine. Quant à l'efficacité d'un tribunal international, dont les verdicts n'auraient pour sanction que la force morale de l'opinion, serait-elle plus grande que celle d'un tribunal ordinaire qui n'aurait point de gendarmes à son service? La force morale est certainement très respectable, mais elle n'est respectée qu'à la condition de s'appuyer par une force matérielle suffisante. Le bon sens pratique des nations ne s'y trompe pas, et c'est pourquoi, tout en se plaignant du fardeau écrasant que leur impose la paix armée, elles ne fournissent que de rares adhérents et de faibles subsides aux sociétés et aux congrès des amis de la paix.

Les hommes d'État, conservateurs du *statu quo* européen, n'ont pas des visées aussi radicales, mais ont-ils mieux réussi à assurer la paix en constituant l'alliance austro-allemande, à laquelle s'est ralliée l'Italie? Certes, on ne peut mettre en doute leurs intentions pacifiques, et on doit pleinement ajouter foi aux paroles de l'Empereur d'Allemagne, affirmant à la réception de Guild Hall que « son but est, avant tout, le maintien de la paix ». Mais, en dépit de ces affirmations pacifiques, si fréquemment renouvelées depuis la constitution de la Triple-Alliance, ou de son autre nom : la « Ligue de la paix », avons-nous vu s'abaisser le risque de guerre et diminuer le fardeau des armements? L'Europe n'a-t-elle pas continué à être un vaste camp, et si la guerre a pu être ajournée jusqu'à présent, qui peut répondre que quelque évènement imprévu ne la fera pas éclater demain? La Triple-Alliance réunit un faisceau de forces imposantes, soit! mais si puissante qu'on la suppose, sa puissance dépasse-t-elle celle que pourraient déployer la France et la Russie alliées? Entre ces deux groupements formidables, la lutte est possible et l'issue en est douteuse. Faut-il donc s'étonner si la constitution et le renouvellement de la Triple-Alliance n'ont pas suffi à rassurer l'Europe, si le risque de guerre qu'elle subit et la prime d'assurance qu'elle se résigne à payer, sous forme d'armements, ont atteint leur maximum?

Cependant, cette situation périlleuse et onéreuse peut-elle se perpétuer? L'Europe peut-elle continuer indéfiniment à supporter les charges qu'elle lui impose? Ces charges sont telles, vous le savez, qu'elles dépassent celles que les peuples civilisés ont eu à supporter même aux époques où leur existence était menacée par les invasions barbares. Les effectifs militaires que l'Europe maintient sur pied en pleine paix s'élèvent au chiffre énorme de 3,860,000 hommes. En temps de guerre, ils peuvent être portés à 12,455,000. L'entretien de ces effectifs, sans compter les frais de construction des forteresses et de la réfection périodique du matériel que nécessite le perfectionnement continu des instruments d'attaque et des appareils de défense, absorbe annuellement une somme de 5,600 millions de francs. Les revenus ordinaires des États n'y peuvent pas suffire et, depuis 1870, les dettes des nations européennes se sont élevées, sous l'influence de cette cause, de 76 milliards à 120. Voilà le compte des frais de la paix armée.

Je n'ignore pas que le développement extraordinaire de la richesse, depuis l'avènement de la grande industrie, permet aujourd'hui à la communauté européenne de supporter des charges sous lesquelles elle aurait succombé à d'autres époques. Mais on peut se demander, en présence de la persistance de ses déficits budgétaires et de l'accroissement continu de ses dettes, si les dépenses des gouvernements n'augmentent pas dans une progression plus rapide encore que les ressources des populations. Ce qui semblerait l'attester, c'est le mécontentement grandissant de jour en jour des classes inférieures qui paient sans les voir, je le veux bien, mais non sans en sentir le poids, des impôts indirects alourdis et multipliés, c'est la clientèle de plus en plus nombreuse que ce mécontentement attire au collectivisme, à l'anarchisme et aux autres formes du socialisme. Ce péril intérieur, qui commence à alarmer sérieusement les esprits prévoyants, on ne peut le conjurer que par une amélioration substantielle de la condition de la multitude des travailleurs, et cette amélioration on la demandera en vain aux combinaisons factices et stériles du socialisme d'État, on ne l'obtiendra que par

16.

l'augmentation et la diffusion naturelles de la richesse. Or, on ne saurait se dissimuler que depuis quelques années le mouvement ascendant de la production et de la richesse s'est sinon arrêté, du moins ralenti, et ce ralentissement il n'est pas bien malaisé d'en découvrir la cause principale, savoir l'augmentation des charges publiques, déterminée elle-même par l'excès des dépenses militaires; les gouvernements ont été obligés d'aggraver le poids des impôts qui grèvent la consommation et, par une inévitable répercussion, la production; l'industrie a fait entendre des plaintes de plus en plus vives et a demandé à être protégée contre la concurrence étrangère, que l'accroissement de ses charges lui rendait plus difficile à supporter. On a déféré à ses vœux, on a relevé les tarifs et on continue à les relever tous les jours; mais ai-je besoin de dire que la protection ne diminue pas les charges de l'industrie, au contraire! qu'elle n'allège le fardeau des uns que pour alourdir, dans une mesure plus forte, le fardeau des autres; bref, que l'Europe, redevenue protectionniste, sera moins capable de pourvoir aux dépenses de l'énorme appareil de la paix armée qu'elle ne l'était sous le régime de demi-liberté commerciale, issu des traités de 1860. Ce n'est pas tout. Jusqu'à présent, son industrie a été presque exclusivement en possession de l'approvisionnement des articles manufacturés du reste du monde. Aujourd'hui, l'industrie américaine commence à entrer en concurrence avec elle. Sous le régime de la protection, aggravé par le bill Mac Kinley, cette concurrence peut n'être pas bien redoutable, mais si la réaction libre-échangiste vient, comme il y a apparence, à prendre le dessus aux États-Unis, si l'industrie américaine, déjà exempte des charges du militarisme, vient à être débarrassée des charges de la protection qui élèvent artificiellement ses prix, ne supplantera-t-elle pas l'industrie européenne sur les marchés dont celle-ci possède actuellement le monopole?

Que conclure de de là, sinon que l'Europe, sous peine de voir s'aggraver le péril intérieur de socialisme et le péril extérieur de la concurrence de l'industrie grandissante des États-Unis et de s'exposer ainsi à une inévitable décadence, doit aviser, sans retard, aux moyens d'alléger le fardeau accablant de ses charges publiques, tout en se préservant plus efficacement de la ruineuse calamité de la guerre.

Ce problème, nous venons de voir que la Triple Alliance est impuissante à le résoudre, qu'elle a élevé le risque de guerre plutôt qu'elle ne l'a abaissé, et qu'en portant ce risque au maximum elle a porté aussi au maximum les frais de l'appareil d'assurance destiné à le couvrir. Recherchons donc s'il ne serait pas possible de recourir à quelque autre combinaison politique qui permette de réaliser ce desideratum universel : assurer économiquement la paix.

En dehors des puissances militaires, l'Allemagne, l'Autriche, l'Italie, la France et la Russie, qui jouent actuellement un rôle actif dans la politique de l'Europe, et qui ont le pouvoir de déchaîner la guerre sans posséder celui de l'empêcher, il existe une puissance de premier ordre, l'Angleterre, qui, obéissant au principe de la non intervention, garde une attitude de neutralité dans les affaires continentales et une série de puissances secondaires, la Belgique, la Hollande, la Suisse, l'Espagne, la Turquie, etc., qui ont un rôle purement passif et n'exercent aucune influence appréciable sur les affaires générales de l'Europe. Ces puissances, les unes volontairement neutres, les autres passives, n'exercent qu'une bien faible influence sur la solution des questions qui intéressent la communauté, et dans le cas où un conflit viendrait à surgir entre les puissances engagées dans la Triple Alliance, d'une part, la France et la Russie, de l'autre, il ne dépendrait pas d'elles, dans leur état actuel d'isolement, d'empêcher une guerre, qui pourrait cependant compromettre l'existence de quelques-unes et qui imposerait à toutes des dépenses extraordinaires, tout en leur infligeant les perturbations et les dommages de la crise de guerre. Ces puissances, neutres ou passives, pourraient être comparées à ces électeurs qui refusent de s'enrôler dans un parti politique, soit qu'ils veulent s'abstenir de prendre part aux luttes électorales, soit qu'ils veulent conserver la liberté de voter à leur guise. Ils ont beau être nombreux, plus nombreux même que les électeurs enrôlés dans un parti, ils ne comptent pas. Les affaires de la nation se décident sans eux et cependant ces décisions auxquelles ils n'ont pas pris part, sur lesquelles ils n'ont exercé aucune influence, ils sont obligés de les subir, si contraires qu'elles puissent être à leur opinion, si nuisibles qu'elles soient à leurs intérêts.

Je veux bien qu'en refusant d'aller grossir les rangs des partis existants, ils cèdent à de justes répugnances, je veux bien qu'aucun de ces partis ne leur paraisse mériter leur concours, mais il n'en est pas moins vrai qu'en demeurant isolés et en suivant chacun sa fantaisie, ils sont comme s'ils n'existaient pas, tandis qu'en se réunissant, en s'associant, ils pourraient constituer une force avec laquelle les partis qui décident des affaires de la nation seraient obligés de compter.

Eh! bien, supposons que les puissances qui jouent actuellement le rôle de ces électeurs neutres ou passifs, en considérant les charges que leur impose et les périls que leur fait courir le partage de l'Europe politique en deux camps, se décident à sortir de leur isolement; supposons qu'elles s'associent en vue de maintenir la paix qui est devenue le premier besoin des peuples civilisés, et qu'elles constituent, par leur association, une force avec laquelle les puissances les plus belliqueuses seront obligées de compter; supposons que cette « Ligue de la paix » ne se borne pas à dire, comme le faisait récemment sir James Fergusson, de l'Angleterre, que « ses sympathies seront avec la puissance qui voudra maintenir la paix contre celle qui voudra la rompre », mais que toute la force matérielle dont elle dispose appuiera ses sympathies, bref, qu'elle joindra ses armées et ses flottes à celles de la puissance attaquée contre celles de la puissance attaquante, ce poids qu'elle menacera de jeter dans la balance des forces ne rendra-t-il pas la lutte impossible, en en rendant d'avance l'issue certaine? Si l'Italie se détachait de la Triple Alliance pour s'unir à l'Angleterre, à la Turquie, à l'Espagne et aux autres puissances actuellement neutres ou passives pour former une « Ligue de la paix » cette fois véritablement digne de ce nom, cette Ligue ne disposerait-elle pas d'une force telle qu'aucune puissance ou même aucune Ligue constituée en vue d'une guerre ne pourrait désormais, sans commettre un acte de folie, attenter au repos de l'Europe. Mais alors n'arriverait-il pas dans la communauté européenne ce qui est arrivé au sein de chaque nation lorsqu'un pouvoir armé d'une force suffisante s'est constitué pour mettre fin à l'anarchie féodale : c'est que les seigneurs les plus puissants et les plus querelleurs, ne pouvant plus vider leurs différends eux-mêmes sous peine de s'exposer à une répression certaine, ils ont renoncé à conserver à leur solde une troupe coûteuse d'hommes d'armes, ils ont laissé tomber en ruines les murs de leurs forteresses pour aller habiter des demeures ouvertes et confortables, et il a suffi d'un petit nombre de gendarmes et de sergents de ville pour assurer la paix intérieure. N'en serait-il pas de même pour la paix extérieure si elle était garantie par une force défensive, qui dépasserait n'importe quelle force agressive? Le désarmement qui est impossible aujourd'hui, comme il l'était à l'époque anarchique du moyen âge, ne s'opérerait-il pas de lui-même lorsque l'armement serait devenu inutile, et le problème de l'assurance économique de la paix ne serait-il pas résolu?

Je ne me dissimule pas les difficultés que présenterait, dans l'état présent des esprits, cette constitution d'une Ligue de la paix. Je comparais tout à l'heure les puissances qui pratiquent la politique de non intervention, à ces électeurs abstenants, soit par indifférence, soit parce qu'aucun des partis existants ne satisfait leur opinion. Chacun sait combien il est difficile de les réunir pour former un parti autonome, ayant son programme et résolu à agir pour le faire prévaloir. L'entreprise n'est cependant pas impossible, et nous avons vu récemment aux États-Unis se constituer en dehors des vieux cadres, une alliance des fermiers qui, en s'alliant au parti démocrate, a infligé une défaite signalée à la coalition républicaine et protectionniste. Serait-il davantage impossible d'associer dans un intérêt commun, les non interventionnistes et les autres abstenants de la communauté européenne? Il faudrait vaincre sans doute, chez eux, des habitudes d'inertie sinon d'indifférence enracinée, pour les déterminer à abandonner leur attitude passive et à jouer un rôle actif dans le règlement des affaires générales de l'Europe. Mais quelle que soit leur inertie, peuvent-ils n'être point préoccupés du danger croissant de la situation actuelle? Ne supportent-ils pas leur part des charges écrasantes que nécessite la paix armée? Et si une guerre vient à éclater, ne souffriront-ils pas de la crise générale qui l'accompagnera, sans parler du péril qui pourra menacer la neutralité et même l'existence de quelques-uns des petits États, tels que la Hollande, la Belgique et la Suisse? Enfin, si l'Europe, minée par le socialisme et atteinte, dans ses débouchés, par la concurrence américaine, ploie sous le poids de ses charges, ne seront-ils pas englobés dans sa décadence?

Il s'agirait donc de rassembler ces membres isolés, et impuissants dans leur isolement, de la communauté européenne pour associer leurs forces et en faire un tout puissant instrument de paix. Je me demande pourquoi l'Italie, cette nouvelle venue parmi les nations, justement ambitieuse de s'y faire une place digne de son passé glorieux, ne prendrait pas cette initiative bienfaisante. Dans la Triple Alliance, où elle s'est hâtivement engagée, l'Italie ne jouera jamais qu'un rôle subordonné, elle sera obligée de suivre l'impulsion qui lui sera donnée par ses deux puissants alliés, et, en attendant, elle sera condamnée à supporter, sans terme, un fardeau disproportionné d'armements qui empêche le développement naturel de ses ressources. En se dégageant de la Triple Alliance pour prendre l'initiative de la constitution d'une Ligue destinée à assurer la paix, n'acquerrait-elle pas une autorité morale supérieure et une influence politique qui seraient la juste récompense du plus grand service qui puisse être rendu aujourd'hui au monde civilisé ?

V. — UN SYNDICAT DE LA PAIX. A PROPOS DE LA VISITE DES MARINS RUSSES EN FRANCE (*Times* du 1er novembre 1893).

Les manifestations enthousiastes auxquelles a donné lieu la visite des marins russes me fournissent une occasion opportune pour revenir sur un projet d'établissement d'une Ligue des Neutres que *Le Times* a publié il y a six ans (n° du 28 juillet 1887). Tous ceux qui ont observé de près ces manifestations peuvent attester qu'elles ont eu un caractère absolument pacifique. Sans doute, la France n'a pas pris son parti de la perte de l'Alsace et de la Lorraine, mais l'immense majorité de la population répugne autant à l'idée de courir la terrible aventure d'une guerre pour les reprendre qu'à celle de les abandonner. Ce n'est donc pas, quoi qu'on en ait pu dire à l'étranger, le désir de la revanche qui était le véhicule caché des acclamations mille fois répétées dont la foule saluait à

Toulon et à Paris l'amiral Avellan et ses compagnons. Non! cette foule obéissait à un sentiment dont il est facile de se rendre compte pour peu qu'on connaisse le tempérament de la nation française et qu'on pourrait qualifier assez exactement de « sentiment d'une sécurité honorable ». Pendant les années qui ont suivi la funeste guerre de 1870, la France s'est sentie à la merci du vainqueur, et cette situation pouvait, à bon droit, paraître insupportable à un peuple fier de son passé et particulièrement soigneux de son honneur. A quoi il faut ajouter que l'attitude du vainqueur n'était point propre à calmer les appréhensions et les susceptibilités du vaincu. En 1875, par exemple, n'a-t-il pas été bien près de céder à la tentation d'abuser de sa supériorité ? N'est-ce pas grâce à l'intervention bénévole de l'Angleterre et de la Russie que la France, à peine convalescente, a pu échapper au péril d'une guerre inégale ? Et lorsqu'elle est parvenue, au prix de quels sacrifices! à reconstituer son établissement militaire, la formation de la Triple Alliance a, de nouveau, fait pencher la balance des forces du côté de l'Allemagne. A la vérité, la Triple Alliance s'est annoncée au monde comme une « Ligue de la paix » et l'Allemagne, devenue plus calme en cessant d'être isolée, a renoncé à prendre l'initiative d une guerre préventive de la « revanche » ; elle a même fait preuve d'une louable modération dans ce dangereux incident de frontière connu sous le nom d'affaire Schnœbelé. Mais la modération d'un adversaire qu'on sent plus fort que soi n'est-elle pas presque aussi pénible à supporter que son insolence ? De là, un état de malaise et d'irritabilité nerveuse qui se réflétait journellement dans le langage de la presse. Cette mauvaise humeur, si contraire au tempérament français, l'alliance franco-russe, ébauchée à Cronstadt, cimentée à Toulon et à Paris, y a mis un terme. La France unie à la Russie se sent assez foret pour lutter avec l'Allemagne unie à l'Autriche et à l'Italie.

Elle n'est plus à la merci de personne. Elle a recouvré son indépendance morale. Elle veut la paix sans être obligée de la vouloir.

Qu'elle la veuille sincèrement aujourd'hui, cela ne peut faire l'objet d'un doute. Je crois qu'on peut en dire autant de l'Allemagne, de l'Autriche et même de l'Italie, malgré l'esprit remuant et intrigant de certains hommes d'État italiens. En ce moment, les dispositions des gouvernements et des peuples du continent sont certainement aussi pacifiques que possible. Mais est-ce à dire que la paix européenne se trouve assurée même pour une courte période ?

Après la révolution de Février 1848, tous les Parisiens valides ont été enrôlés dans la Garde nationale, ce qui faisait dire à l'honnête et excellent Garnier Pagès : — *Quand tout le monde sera armé on ne se battra plus.* Quelques jours plus tard, la dissolution des ateliers nationaux faisait éclater la terrible insurrection de Juin. Tout le monde est aujourd'hui armé en Europe. Déjà il y a six ans, lorsque je vous adressais ma première lettre, les effectifs militaires qu'elle maintenait sur pied s'élevaient à 3,860,000 hommes, et ils pouvaient être portés, en temps de guerre à 12,455,000. L'entretien de ces effectifs, sans compter les frais de construction des forteresses et de la réfection périodique du matériel, nécessités par le perfectionnement continu des instruments d'attaque et des appareils de défense, absorbaient annuellement une somme de 4,600 millions. Les revenus ordinaires des États n'y pouvant suffire, de 1870 à 1887 les dettes des nations européennes se sont élevées, sous l'influence de cette cause, de 75 milliards de francs à 115. Effectifs, dépenses et dettes se sont encore accrus depuis cette époque. Dans une telle situation, ne peut-on pas dire que l'Europe n'est pas seulement un camp, qu'elle est un magasin à poudre que le frottement d'une allumette peut faire sauter? Je sais bien que la perspective d'un si effroyable désastre est de nature à engager les gardiens du magasin à surveiller leurs allumettes. Mais il y a des accidents qui déjouent toutes les précautions de la sagesse humaine. Quel que soit le désir de conserver la paix qui anime, d'un côté, la France et la Russie, d'un autre côté, la Triple Alliance, un incident imprévu peut survenir qui réveille les passions belliqueuses, maintenant assoupies, et provoque une guerre que les énormes effectifs en présence et la puissance plus énorme encore des instruments de destruction perfectionnés rendront la plus cruelle et la plus désastreuse de toutes celles qui ont affligé l'humanité.

Voilà la catastrophe qu'il s'agirait de prévenir. Mais à quels moyens préventifs pourrait-on recourir? Serait-ce au procédé de l'arbitrage que préconisent avec ardeur mes vaillants amis des sociétés de la paix? Sans contester l'efficacité de ce procédé dans certains cas, il est permis de douter que des grandes puissances armées jusqu'aux dents et qui ont ou croient avoir de vieux comptes à régler, consentent, dans un moment d'excitation, à ajourner ces vieux comptes et à soumettre leur différend à un arbitre. Si les juges n'avaient point de policemen à leur service, réussiraient-ils facilement à faire exécuter leurs sentences et à maintenir la paix dans l'intérieur des États? N'en déplaise aux amis de la paix, une justice sans policemen ne me paraît pas beaucoup plus efficace au dehors.

Mais où trouver des policemen capables de sauvegarder la paix de l'Europe?

Sans parler de l'Angleterre, il y a, en dehors de la Double et de la Triple-Alliance, une série d'États, tels que la Hollande, la Belgique, la Suisse, le Danemark, la Suède, la Turquie, etc., qui sont intéressés — quelques-uns au plus haut point — au maintien de la paix, mais qui n'ont pas voix au chapitre et sont, dans leur isolement, impuissants à empêcher les grandes puissances de déchaîner la guerre. On pourrait les comparer aux petits actionnaires des compagnies financières ou industrielles auxquels on refuse toute participation aux affaires dans lesquelles leurs capitaux sont engagés, sous le prétexte qu'ils ne possèdent point le nombre d'actions exigé par les statuts. Quoique le nombre total de leurs actions égale ou même dépasse parfois celui des forts actionnaires, ils ne comptent point et sont obligés d'accepter passivement les décisions de ces « gros bonnets » et d'en subir les conséquences, bonnes ou mauvaises. Il en est ainsi pour les petits actionnaires de la société européenne. Ils n'ont aucune influence sur la direction de ses affaires et il n'est pas en leur pouvoir d'empêcher une guerre, bien qu'ils ne puissent échapper à la crise et aux autres dommages que toute guerre inflige aujourd'hui aux neutres aussi bien qu'aux belligérants.

N'en serait-il pas autrement si, au lieu de rester isolés, ils formaient un « Syndicat » ? Supposons que la Hollande, la Belgique, la Suisse, le Danemark, auxquels pourraient se joindre encore d'autres petits actionnaires continentaux, se réunissent pour former, sous la direction de l'Angleterre, un Syndicat de la paix, autrement dit une « Ligue des Neutres », cette ligue, en supposant qu'elle fût composée seulement de ces cinq États, pourrait mettre sur pied, en temps de guerre, un effectif de plus d'un million d'hommes, et elle disposerait de la marine militaire la plus puissante du monde. Si une querelle survenait entre la Double et la Triple-Alliance ne posséderait-elle pas toute l'influence et au besoin toute la puissance nécessaires pour empêcher cette querelle d'engendrer une guerre ? Ne lui suffirait-il pas de déclarer à la puissance qui prendrait l'initiative de rompre la paix, sa résolution formelle de joindre ses forces à celles de la partie adverse ?

Cette résolution ne calmerait-elle pas, instantanément, les humeurs les plus belliqueuses, en rendant la lutte par trop inégale pour l'agresseur?

Je n'ignore pas les obstacles que peut rencontrer cette constitution d'un Syndicat des Neutres, mais je ne les crois point insurmontables. Ce sont des obstacles plutôt moraux que matériels. Les États qui entreraient dans ce syndicat n'auraient pas besoin d'enrôler un soldat ni d'ajouter un shelling de plus à leur budget de la guerre. Il leur suffirait de s'associer pour acquérir la puissance médiatrice qu'ils ne peuvent avoir dans leur isolement. Les seuls obstacles à vaincre sont du ressort de l'opinion. En Angleterre, c'est la politique de non-intervention dans les affaires du continent; en Belgique et en Suisse, c'est la politique de neutralité. Mais la politique de non-intervention, qui pouvait se justifier à l'époque où les évènements du continent n'avaient qu'une faible répercussion en Angleterre, où ses relations commerciales et financières avec les nations continentales se chiffraient seulement par millions, n'est-elle pas devenue surannée depuis que ces relations se chiffrent par milliards? Une guerre entre les grandes puissances continentales n'engendrerait-elle pas une crise commerciale et financière que n'arrêterait pas le canal de la Manche? N'est-ce pas une erreur dont les statistiques du Board of Trade ont fait justice, que l'Angleterre tire profit des désastres qui atteignent les nations continentales, ses clientes? Quant à la neutralité de la Belgique et de la Suisse, n'est-elle pas purement nominale? L'appréhension constante d'une guerre, dont l'issue pourrait être funeste à leur indépendance ou à l'intégrité de leur territoire, n'obligerait-elle pas ces États soi-disant neutres à prendre les mêmes mesures de défense et à supporter les mêmes dépenses que les autres États? S'ils faisaient partie d'un Syndicat de neutralité, n'auraient-ils pas du moins le pouvoir qu'ils ne possèdent pas aujourd'hui, de contribuer à empêcher une guerre dont ils sont exposés à être victimes ?

Enfin, et pour conclure cette trop longue lettre, la constitution d'une Ligue des Neutres n'aurait-elle pas, à la longue, pour conséquence d'exonérer l'Europe du fardeau des armements qui écrasent ses finances et qui finiront par la mettre sur le chemin de la banqueroute ? S'il était bien avéré qu'un État, si puissant qu'il soit, ne peut plus troubler la paix sans avoir affaire à une force supérieure à la sienne, qu'arriverait-il ? il se produirait alors dans l'Europe moderne le même phénomène qui s'est produit à la fin du moyen âge, au sein des Etats où le souverain était devenu assez fort pour contraindre les seigneurs à observer la paix ; les plus puissants et les plus ambitieux ont désarmé, après avoir éprouvé à leurs dépens qu'ils ne pourraient désormais troubler l'ordre sans s'attirer un rude et inévitable châtiment. Chacun se trouvant protégé par une puissance supérieure à celle des plus puissants, les propriétaires de châteaux-forts ont comblé leurs fossés et les villes ont transformé leurs enceintes fortifiées en promenades.

N'en sera-t-il pas ainsi le jour où les neutres consentiront à s'unir pour constituer cette puissance pacificatrice ? Et n'est-ce pas à un moment où tant d'acclamations retentissent en l'honneur de la paix, que l'opinion serait le mieux disposée à accueillir la formation d'un Syndicat ayant pour objet de l'assurer ?

VI. — L'ASSURANCE DE LA PAIX (*Times* du 21 octobre 1896).

Un journal de la Triple Alliance, le *Wiener Tagblatt*, disait, à l'occasion de la réception enthousiaste qui a été faite au Tsar, que l'amour des Français pour la Russie était une autre forme de la haine de l'Allemagne, et il y voyait une menace pour la paix du monde.

Cette appréciation et cette conclusion sont certainement erronées et l'explication de l'enthousiasme populaire est à la fois plus simple et plus rassurante. Depuis la funeste guerre de 1870, la France affaiblie et isolée s'est trouvée d'abord à la merci de l'Allemagne, et c'est grâce à l'intervention de l'Angleterre et de la Russie qu'elle a pu échapper au péril d'une seconde invasion. Plus tard, lorsqu'elle eut reconstitué sa puissance militaire, elle est demeurée dans un état d'infériorité manifeste en présence de la Triple Alliance. En rétablissant l'équilibre des forces, l'alliance russe, définitivement scellée par la visite du Tsar, a mis fin à une situation cruellement blessante pour l'amour-propre national, et dont toutes les classes de la population ressentaient vivement l'amertume. Voilà l'explication fort naturelle de la joyeuse satisfaction qu'éprouvait la foule et des acclamations reconnaissantes qui saluaient l'allié de la France.

Mais si ces manifestations exhubérantes du sentiment public n'avaient rien de menaçant pour la paix, peut-on affirmer que l'alliance des deux grandes puissances militaires de l'Orient et de l'Occident de l'Europe ait pour résultat nécessaire de la consolider? Si les puissances associées de la Triple Alliance ne peuvent plus être tentées d'abuser de la supériorité de leurs forces, le rétablissement de l'équilibre est-il bien de nature à écarter ou même à diminuer sensiblement le danger d'un conflit européen? En d'autres termes, le risque de guerre qui pèse sur l'Europe et qui a déterminé, sinon justifié, dans tous les pays du continent, le développement extraordinaire de l'appareil d'assurance adapté à ce risque, s'est-il abaissé? Peut-on espérer, en conséquence, que les gouvernements se décident à réduire leurs budgets de la guerre? A cet égard, on ne peut se faire aucune illusion : il est évident que les propositions de désarmement n'ont pas plus de chances d'être prises en considération aujourd'hui qu'elles n'en avaient hier. Si les armements n'étaient point portés à peu près partout à leur maximum possible, il y a même apparence qu'on continuerait encore à les augmenter. C'est que la paix de l'Europe est, malgré tout, demeurée précaire. Sans doute, les souverains et les hommes d'Etat de la Double et de la Triple Alliance n'ignorent pas à quelle lourde responsabilité ils s'exposeraient en engageant une lutte qui mettrait aux prises des millions d'hommes et causerait une perturbation désastreuse dans l'ensemble de la communauté des peuples civilisés dont les intérêts sont, maintenant plus que jamais, solidarisés par les liens multiples de l'échange des produits et du prêt des capitaux; mais qui peut répondre de la sagesse humaine? Malgré le développement des institutions constitutionnelles et l'accroissement de l'influence de l'opinion publique jusque dans les pays les moins libres, le pouvoir exhorbitant de déchaîner le fléau de la guerre n'a pas cessé d'être concentré en un très petit nombre de mains. Ceux qui détiennent ce pouvoir ont beau appartenir à l'élite raisonnable des nations, ils ont leurs passions comme le commun des hommes; les plus puissants d'entre eux sont des chefs d'armée en même temps que des chefs de peuple, ils portent l'uniforme de préférence au costume civil et vivent dans un milieu où l'esprit et les intérêts militaires conservent une large part d'influence.

L'équilibre des forces est une garantie de paix, soit! mais cet équilibre existait ou semblait exister en 1870 entre la France et l'Allemagne. Il n'en a pas moins suffi de la pression d'une camarilla belliqueuse sur la volonté chancelante d'un souverain affaibli pour imposer la guerre à deux nations qui ne demandaient qu'à vivre en paix. Le danger est-il moindre aujourd'hui, et ce danger toujours subsistant, malgré les déclarations et les manifestations pacifiques les plus sincères, les amis de la paix ne doivent-ils pas chercher les moyens les plus propres à l'écarter?

Dans une lettre que le *Times* a publiée il y aura bientôt dix ans (nº du 28 juillet 1887), j'appelais l'attention publique sur l'état d'impuissance politique où se trouvent réduits les États secondaires du continent, tels que le Danemark, la Hollande, la Belgique, la Suisse, etc., et l'impossibilité dans laquelle ils sont d'intervenir pour empêcher la guerre d'éclater entre les grandes puissances, quoiqu'ils soient exposés à subir leur part des désastres économiques et financiers qu'elle occasionnerait, quoique les États neutres eux-mêmes ne puissent, sans compromettre leur sécurité, s'exonérer du fardeau de la paix armée. Je constatais encore que l'Angleterre, malgré les ressources colossales dont elle dispose et l'ascendant moral qu'elle exerce, n'aurait peut-être point à elle seule le pouvoir de prévenir un cataclysme européen, et qu'elle serait d'ailleurs probablement peu disposée à sanctionner par l'emploi de la force une intervention qui lui attirerait plus de rancunes d'un côté qu'elle ne lui vaudrait de gratitude de l'autre.

Mais la situation ne serait-elle pas fort différente si les États continentaux, restés en dehors de la Double ou de la Triple-Alliance se joignaient à l'Angleterre pour constituer un troisième groupe de forces?

Ces États qui sont dans leur isolement de simples *non-valeurs* politiques possèdent cependant, réunis, un contingent de forces au moins égal à celui de chacun des deux groupes actuels des grandes puissances continentales. D'après les statistiques officielles, les cinq États mentionnés plus haut pourraient mettre sur pied, en temps de guerre, un effectif de 1,095,000 hommes; ils auraient à leur service une marine formidable et leur puissance financière ne serait pas inférieure à leur puissance militaire. Dans le cas d'un conflit, comme celui qui a menacé en 1875 la paix de l'Europe, leur intervention morale, appuyée sur ce contingent respectable de forces matérielles, ne rendrait-elle pas la guerre impossible? Ne leur suffirait-il pas de manifester leur ferme volonté de mettre au besoin leur épée dans un des plateaux de la balance? Toute velléité d'agression ne serait-elle pas découragée si l'agresseur se trouvait en présence d'une coalition de forces doubles des siennes?

On a fait, je ne l'ignore pas, à la constitution de cette tierce alliance des objections de diverses sortes. On a dit que les Etats neutres, la Belgique et la Suisse, perdraient le bénéfice de leur neutralité, en entrant dans une association qui les exposerait, le cas échéant, à prendre une part active à une guerre européenne. Mais, dans la situation présente, la garantie de leur neutralité ne les oblige-t-elle pas à supporter les frais d'un armement aussi considérable que celui des autres États? En fait, ce bénéfice n'est-il pas plus nominal que réel? On a dit encore que des États géographiquement séparés ne pourraient en cas de guerre joindre utilement leurs forces; mais la constitution d'une tierce puissance ayant pour objet le maintien de la paix ne réduirait-elle pas au minimum les risques d'une conflagration, en admettant qu'elle ne les supprimât point tout à fait, et d'ailleurs la distance qui sépare la France et la Russie affaiblit-elle l'efficacité de leur alliance?

Enfin ne voit-on pas surgir tous les jours des questions qui intéressent l'ensemble de la communauté européenne, question d'expansion coloniale, question de la dissolution progressive et inévitable de l'empire ottoman, aggravée par des massacres abominables que les grandes puissances, divisées entre elles, ont été incapables d'empêcher? Ces questions, n'est-ce pas l'Europe entière qui devrait être appelée à les examiner et à les résoudre? Les « petits actionnaires » de la société européenne n'ont-ils pas, comme les grands, le droit de participer à leur examen et à leur solution? Ce droit qui demeure à l'état de lettre morte, l'association de leurs forces ne leur permettrait-elle pas de le revendiquer, et leur adjonction aux puissances dirigeantes n'augmenterait-elle pas l'autorité des conseils de l'Europe et la force de ses injonctions?

Je pourrais ajouter qu'en abaissant le risque de guerre, le groupement des États les plus intéressés au maintien de la paix rendra possible l'allègement du lourd appareil qui a pour objet sinon pour effet de préserver l'Europe de ce risque, mais je ne veux pas abuser de la patience de vos lecteurs et je me borne à soumettre à leur appréciation le court exposé des motifs qui peuvent être invoqués en faveur d'un complément du système actuel d'assurance de la paix.

G. DE MOLINARI.

Reproduite en Suisse par le *Journal de Genève*, en Belgique par la *Meuse*, cette lettre a soulevé des objections de diverses sortes dans le *Journal de Genève*, l'*Indépendance belge*, le *Patriote de Normandie*, le *Siècle*, etc. A la « Ligue des Neutres », recourant, au besoin, à la force matérielle, notre collègue et ami, M. Frédéric Passy, a opposé les moyens purement moraux que préconisent les sociétés des amis de la paix. Nous reproduisons son éloquente lettre au *Siècle*, en laissant à nos lecteurs le soin de choisir entre ces deux systèmes d'assurance de la paix.

LA LIGUE DES NEUTRES

Je viens de lire dans le *Siècle* les réflexions qu'a suggérées à M. Garreau la lettre de M. de Molinari au *Times* en faveur de la Ligue des Neutres. Quelque spécieuse que puisse paraître à beaucoup de personnes l'idée généreuse de M. de Molinari, quelque persistance qu'il mette depuis un grand nombre d'années déjà à reproduire cette idée, je crains bien, je l'avoue, que les objections présentées par notre distingué collaborateur ne soient sérieuses. Et cependant, comment ne pas être frappé de la puissance que représenteraient, en réalité, si elles savaient s'unir, ces petites nations, isolément impuissantes. Comment ne pas se dire qu'elles ont toutes, au plus haut degré, intérêt à la conservation de la paix, et qu'elles doivent avoir un moyen de contribuer à en assurer le maintien.

Ne l'ont-elles pas, en effet, et sans être obligées de recourir à une action militaire, ou de se liguer en vue d'une action militaire ?

La conférence interparlementaire, sur laquelle après les comptes rendus trop sommaires qu'en ont donnés les journaux, il y aurait beaucoup à dire, a paru le penser ; et elle a fait un pas déjà dans cette voie.

On sait qu'à Bruxelles, en 1895, elle avait élaboré un projet de Cour internationale d'arbitrage que son bureau avait été chargé de soumettre aux gouvernements. On sait aussi, qu'en exécution de cette décision, le président de la réunion de Bruxelles, M. le Chevalier Descamps, a rédigé, sous le titre de : *Mémoire aux puissances*, un document de la plus haute valeur, qui a été, en effet, comme il devait l'être, communiqué aux puissances. A Budapest, il a été rendu compte, aux représentants de quatorze Parlements qui s'y trouvaient rassemblés, de cette communication et de l'accueil qu'elle avait reçu. Ce n'est pas ici le lieu d'entrer à cet égard dans des détails qui nous entraîneraient trop loin. Mais une chose peut et doit être dite. C'est que, revenant à la charge avec insistance, la conférence a invité l'honorable sénateur belge et le comité permanent qui la représente dans l'intervalle de ses sessions à poursuivre activement les démarches commencées, et tout particulièrement de travailler à obtenir, des petites puissances, ou des deux ou trois d'entre elles qui y sont plus manifestement disposées, la constitution, par la nomination de délégués, d'un premier noyau de Cour d'arbitrage, que pourraient grossir ensuite d'autres adhésions.

Ne serait-ce pas là, par hasard, le commencement de la véritable ligue des Neutres ? Ligue toute morale ; et cependant assez efficace pour devenir, rapidement peut-être, irrésistible. Plus d'une fois déjà (j'en ai fait personnellement l'expérience) dans ces réunions annuelles de membres de Parlements, que nous appelons les conférences interparlementaires, les votes réunis des représentants des petites puissances se sont trouvés faire la majorité à l'encontre des votes des représentants de telle ou telle grande puissance. Et ceux-ci — il faut le proclamer à leur honneur — une fois le vote acquis, se sont toujours inclinés sans arrière-pensée.

Le jour où, une Cour internationale étant constituée par un certain nombre de puissances, et pour leur usage, l'appel à cette Cour, obligatoire pour elles, serait facultatif pour les autres ; le jour où, grâce à leur initiative et à leur accord, il y aurait, en Europe, une autorité juridique internationale d'une impartialité reconnue, prête à accueillir et à examiner les griefs que pourraient avoir, les unes à l'égard des autres, les diverses nations civilisées ; ce jour-là, il deviendrait bien difficile, même aux plus récalcitrantes, s'il y en avait, de se refuser à porter, devant cette juridiction, leurs litiges avant d'en demander la solution au cruel et ruineux hasard des champs de batailles.

Ligue des Neutres donc, soit ; mais par le droit et non par la force. Ce n'est pas à la guerre qu'il faut demander les moyens d'empêcher la guerre. C'est par les armes de la paix que la paix doit être garantie.

FRÉDÉRIC PASSY.

Terminons ces citations par un extrait du discours de Lord Salisbury au dernier banquet du Lord maire (10 novembre 1897), qui semble attester que l'idée d'une association des puissances pour garantir « collectivement » la paix a cessé d'être considérée comme une utopie par les hommes d'États eux-mêmes :

« J'exprime, a-t-il dit, l'espoir que l'entente des puissances continue et que les difficultés qu'elles ont à résoudre soient suffisamment prises en main. Souvenez-vous que cette Fédération de l'Europe est un embryon, et la seule chose qui ait sauvé la civilisation des désastreux résultats d'une guerre pleine de destruction.

« Le seul espoir qu'il y a d'empêcher que cette rivalité dans les armements des nations européennes conduise à une destruction mutuelle qui serait fatale à la civilisation, c'est que les puissances soient amenées graduellement à agir ensemble avec un esprit amical dans toutes les questions qui peuvent être soulevées jusqu'à ce qu'enfin elles puissent être unies dans un même faisceau international, qui donnera définitivement au monde une longue ère de commerce prospère et de paix continue. »

FIN

TABLE DES MATIÈRES

CHAPITRE III

LA CONSTITUTION D'UN ORGANISME DE COMBAT OU D'UNE ARMÉE

CHAPITRE IV

LE GOUVERNEMENT D'UN ÉTAT POLITIQUE

CHAPITRE V

LES PRODUITS DE L'EXPLOITATION D'UN ÉTAT POLITIQUE

CHAPITRE VI

LA POLITIQUE ET LA MORALE DE L'ÉTAT DE GUERRE

CHAPITRE VII

LES CAUSES DÉTERMINANTES DE LA GUERRE APRÈS LA CONSTITUTION DES ÉTATS POLITIQUES

CHAPITRE VIII

LES PROGRÈS DE L'INDUSTRIE DE LA DESTRUCTION ET LEURS RÉSULTATS

CHAPITRE IX

LES PROGRÈS DES INDUSTRIES PRODUCTIVES. — LA GENÈSE DE LA CONCURRENCE INDUSTRIELLE

II. — Décadence de la guerre.

CHAPITRE PREMIER

L'ANCIEN RÉGIME DES ÉTATS CIVILISÉS. — CE QU'IL ÉTAIT A LA FIN DU XVIIIe SIÈCLE

CHAPITRE II

CARACTÈRES ÉCONOMIQUES DE L'ANCIEN RÉGIME

CHAPITRE III

LES CHANGEMENTS OPÉRÉS DANS LA CONSTITUTION DES ÉTATS DEPUIS LA FIN DU XVIIIe SIÈCLE

CHAPITRE IV

LES INTÉRÊTS QUI DÉTERMINENT LA POLITIQUE PACIFIQUE OU BELLIQUEUSE DES GOUVERNEMENTS DES PRINCIPAUX ÉTATS MODERNES

CHAPITRE V

LES GUERRES DES ÉTATS CIVILISÉS DEPUIS LA FIN DU XVIIIe SIÈCLE

CHAPITRE VI

LE BILAN DES GUERRES DES ÉTATS MODERNES. — LA PAIX ARMÉE

CHAPITRE VII

LES CHANCES DE PAIX ET LES RISQUES DE GUERRE

CHAPITRE VIII

LES CHANCES DE PAIX ET LES RISQUES DE GUERRE (SUITE)

CHAPITRE IX

LES AUTRES FORMES DE L'ÉTAT DE GUERRE. — LE PROTECTIONNISME, L'ÉTATISME ET LE SOCIALISME

CHAPITRE X

POSITION DU PROBLÈME DE LA PAIX. — COMMENT CE PROBLÈME PEUT ÊTRE RÉSOLU

CHAPITRE XI

CONSÉQUENCES DE LA SUPPRESSION DU RISQUE DE GUERRE AU SEIN DE LA COMMUNAUTÉ CIVILISÉE. — CONCLUSION

III. — Appendice.

FIN DE LA TABLE DES MATIÈRES

SAINT-DENIS. — IMPRIMERIE H. BOUILLANT, 20, RUE DE PARIS

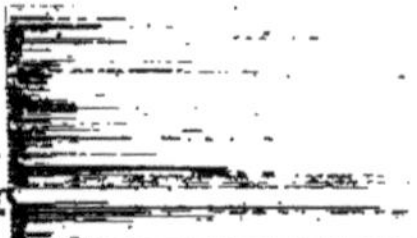

EXTRAIT DU CATALOGUE

Mémoires du Comte Mollien, Ministre du Trésor Public, 1780-1815, *avec une notice de Ch. Gomel*, 3 vol. in-8. . . . . 22 50

SUPPLÉMENT au **Dictionnaire d'Économie Politique**, de MM. Léon Say et Chailley-Bert. 1 vol. in-8. . . . . . . 5 »

Palerme et la Civilisation en Sicile, par Georges Arcoleo, *préface de M. le Vte Combes de Lestrade*. 1 vol. in-8. 2 50

La Russie Économique et Sociale à l'Avènement de S. M. Nicolas II, par le Vte Combes de Lestrade. 1 vol. in-8. . . . . 6 »

Histoire des Corporations de métiers depuis leurs origines jusqu'à leur suppression en 1791, suivie d'une étude sur l'Évolution de l'idée corporative au XIXe siècle et sur les syndicats professionnels, par E. Martin-Saint-Léon, docteur en droit, avocat à la Cour d'appel. 1 vol. in-8. . . . . 8 »

L'Action sociale par l'initiative privée, *avec des documents pour servir à l'organisation d'institutions populaires et des plans d'habitations ouvrières*, par Eugène Rostand, lauréat de l'Académie française et de l'Académie des Sciences Morales et Politiques. Tome second. 1 vol. in-8. . . . . 15 »

Histoire financière de l'Assemblée Constituante, 1789-1790-1791, par Charles Gomel. 2 vol. in-8. . . . . . . 16 »
Chaque vol. se vend séparément. . . . . 8 »

L'Algérie et la Tunisie, 2e édition, par Paul Leroy-Beaulieu, membre de l'Institut. 1 vol. in-8. . . . . 9 »

Les conséquences de l'Antisémitisme en Russie, par N. Chmerkine, professeur à l'Institut Rudy, *préface de M. G. de Molinari*. 1 vol. in-8. . . . . 3 »

[illegible] LANT, 20, RUE DE PARIS

www.ingramcontent.com/pod-product-compliance
Ingram Content Group UK Ltd.
Pitfield, Milton Keynes, MK11 3LW, UK
UKHW012013240726
13965UKWH00002B/340

9 782013 441759